南原繁

家と宗教」の関係は
うあるべきか

RYUHO OKAWA
大川隆法

まえがき

内村鑑三《うちむらかんぞう》、矢内原忠雄《やないはらただお》、南原繁《なんばらしげる》と、無教会派クリスチャンの人たちに、「国家」「宗教」「学問」の関係を問うてきた。

時に南原繁、矢内原忠雄の二人は、信仰者であっても大学の総長もでき、学者としても一級であることができた方々である。戦時期の政府の弾圧もくぐり抜けて来られた経験があるので、今、私たちが遭遇《そうぐう》している宗教家による大学の創立というテーマに関して参考意見を聞くのには適しているだろう。

日本国憲法は事前検閲《けんえつ》を禁止し、思想・信条・良心・表現・出版の自由を認めている。日本国憲法には、「学問の自由の範囲は文部科学大臣が定める」とも、「秘密の会合で大学設置審議会の委員が決定したことは、憲法上の『学問の自由』を無視できる」とも書いてない。「信教の自由は保障する」のみであって、国家権力が都合によって介入してよいものではない。中国や韓国のような全体主義国家にはなりたくないものだ。

二〇一四年　十一月八日

幸福《こうふく》の科学《かがく》グループ創始者兼総裁《そうししゃけんそうさい》　大川隆法《おおかわりゅうほう》

南原繁「国家と宗教」の関係はどうあるべきか　目次

南原繁《なんばらしげる》「国家と宗教」の関係はどうあるべきか

二〇一四年十一月六日　収録
東京都・幸福の科学総合本部にて

7　幸福の科学の「学問」としての可能性について　129

「霊言現象《れいげん》」とは、あの世の霊存在の言葉を語り下ろす現象のことをいう。これは高度な悟《さと》りを開いた者に特有のものであり、「霊媒現象《れいばい》」（トランス状態になって意識を失い、霊が一方的にしゃべる現象）とは異なる。

なお、「霊言」は、あくまでも霊人の意見であり、幸福の科学グループとしての見解と矛盾《むじゅん》する内容を含《ふく》む場合がある点、付記しておきたい。

南原《なんばら》繁《しげる》「国家と宗教」の関係はどうあるべきか

二〇一四年十一月六日　収録
東京都・幸福の科学総合本部にて

南原繁《なんばらしげる》（一八八九～一九七四）

政治学者。旧制第一高等学校、東京帝国《ていこく》大学法学部政治学科を卒業後、内務省に入省。ヨーロッパ留学を経《へ》て、東京大学法学部教授。一九四五年十二月、戦後最初の東京大学総長に就任し、一九五一年までの六年間を務める。東大入学後、無教会主義の内村鑑三《うちむらかんぞう》門下となり、生涯《しょうがい》、熱心なキリスト教信者となる。主著『国家と宗教』『フィヒテの政治哲学《てつがく》』等。

質問者　※質問順

綾織次郎《あやおりじろう》（幸福の科学上級理事　兼《けん》「ザ・リバティ」編集長）
藤井幹久《ふじいもとひさ》（幸福の科学国際本部国際政治局長）
立木秀学《ついきしゅうがく》（幸福の科学理事　兼　ＨＳ政経塾《せいけいじゅく》塾長）

［役職は収録時点のもの］

1　クリスチャンの元東大総長・南原繁《なんばらしげる》を招霊《しょうれい》する

内村鑑三、矢内原忠雄に続き、南原繁に意見を訊《き》く

大川隆法　先般《せんぱん》、内村鑑三《うちむらかんぞう》先生の霊言《れいげん》を頂きましたが、無教会主義キリスト教に属する有名な学者として、戦後、東大総長をなされた矢内原忠雄《やないはらただお》、南原繁《なんばらしげる》という方がいたので、今、このあたりの方も出してみたいと考えているところです（『内村鑑三「信仰《しんこう》・学問・迫害」を語る』『矢内原忠雄「信仰・言論弾圧《だんあつ》・大学教育」を語る』〔共に幸福の科学出版刊〕参照）。

この人を出す理由は、今、私たちが考えている幾《いく》つかの論点に対し、何らかの意見を言える立場にあるのではないかと思うからです。「国家としてのあり方」「国家と宗教との関係」「学問と宗教との関係」「学問と国家あるいは政治との関係」等について言える立場の方でしょうし、こういう機会でもなければ、めったに出せることもないので、お呼びしてみようかと思っています。

『内村鑑三「信仰・学問・迫害」を語る』（幸福の科学出版）

『矢内原忠雄「信仰・言論弾圧・大学教育」を語る』（幸福の科学出版）

東大政治学科で学びつつ、内村鑑三《うちむらかんぞう》門下でキリスト教に入信

大川隆法　今日の南原繁先生は、矢内原先生の前に、東大の総長を務めていた方でもあります。

一八八九年、香川《かがわ》県は大内郡《おおちぐん》（その後、大川郡《おおかわぐん》）という、徳島《とくしま》県との県境《けんざかい》近辺に生まれ、大川中学校をご卒業した方ですが（笑）、当時はテクテクと歩いて、峠《とうげ》を越《こ》えて通っておられたようです。

この人より一年上の方が、やはり大川中学校から旧制第一高等学校に行っているのですが、その人は、「毎日、往復《おうふく》五里《ごり》の道を歩いて中学校に通っていた」といいます。

中国の「里《り》」（五百メートル）とは違《ちが》い、日本の「里」は四キロなので、「五里を歩いた」ということは二十キロも歩いて通学していたことになり、やや信じがたい話ではあります。大川中学校から一高《いちこう》に行った人で二十キロも歩いて通学する人がいたというので、南原先生もけっこう遠かったけれども、負けじと頑張《がんば》ったようです。

勉強はよくおできになったのだろうと思います。試験会場は三高《さんこう》（旧制第三高等学校）で、一高（旧制第一高等学校）の試験を受けて入られたということです。第一高等学校から東京帝国《ていこく》大学法学部政治学科に入学し、内村鑑三《うちむらかんぞう》の門下に入ったわけですが、このあたりは矢内原先生と同じ流れです。

大学の政治学科では首席だったので、卒業時には「銀時計下賜《かし》組」（注。成績優秀者《ゆうしゅう》に対し、天皇から褒章《ほうしょう》として銀時計が授与《じゅよ》された）でした。

ただ、当時は戦前の国家神道《しんとう》体制下でギューッと締《し》めつけられ、だんだん窮《きゅう》屈《くつ》になっていく時代だったため、内村門下の無教会派もそれほど居心地《いごこち》がよかったわけではないでしょう。内村鑑三は、日露《にちろ》戦争のころには「非戦論」を唱え、非国民扱《あつか》いされたりしたので、やはり、「体制のなかにある」とは決して言いがたいものではあっただろうと思います。

ただ、人数の少ない私塾《しじゅく》のようなものでありながら、錚々《そうそう》たる立派な方が出ておられるようです。ほかにも最高裁長官をするような方（田中耕太郎《たなかこうたろう》）も出ており、珍《めずら》しい塾ではあります。

「洞窟《どうくつ》の哲人《てつじん》」が、戦後、脚光《きゃっこう》を浴びて東大総長を務める

大川隆法　戦前は体制がだんだん〝窮屈〟になっていったため、南原先生は自分のことを「洞窟《どうくつ》の哲人《てつじん》」と呼び、とにかく有名にならず、〝潜《もぐ》る〟ことに専念していました。大学のなかに潜り、本も出さずに、できるだけ無名のまま研究を続けていたのです。「有名になったら、たぶんやられる」と考え、潜っていたようであります。

そのように、自分のことを「洞窟の哲人」と言っていた方ですが、戦後は、それまで（戦前の体制に）反対していた〝地下勢力〟が一気に出てきて脚光《きゃっこう》を浴び、矢内原先生と同様に、この人も東大総長を六年ほど務め、影響力《えいきょうりょく》をそう

とう持ちました。

いずれにせよ、南原先生はキリスト教に入信していたため、「霊界《れいかい》」や「宗教」などへの理解がないとは思えませんので、本日も、話としては通じるだろうとは思っています。

ただ、この人は、一九四二年に『国家と宗教――ヨーロッパ精神史の研究――』という〝危険〟な本を出しています。一九二五年にはすでに教授になっており、政治学史を担当していましたが、それから十七年ほどたった一九四二年に『国家と宗教』を出したので、若干《じゅっかん》、危険度がなかったわけではありません。

同書には、「プラトン」から始まり、「キリスト教（アウグスチヌス）の『神の国』」「カント」「ナチス世界観と宗教」「カトリシズムとプロテスタンティズム」まで入っていますので、これは時事問題でしょう。

そのように、いろいろと書いてありますが、今、私も、実際にはこのあたりのところをずっとフォローしているわけです。

南原繁の教え子・福田歓一《ふくだかんいち》先生から政治学史を学んだ東大時代

大川隆法　南原先生は、だいたい、私の東大時代の先生の先生ぐらいに相当する方です。八十四歳《さい》で亡《な》くなったときは一九七四年ですので、私が大学に入る直前までいられた方です。

『聞き書 南原繁回顧《かいこ》録』（東京大学出版会刊）という本では、この人の教え子である丸山眞男《まるやままさお》と福田歓一《ふくだかんいち》先生がインタビューをしています。

福田歓一先生は、南原先生の政治学史のほうを引き継《つ》いでおられますが、まだ現役《げんえき》で政治学史を教えておられたときに、私も東大に通っていました。

ただ、講義の内容はすべて本に書いてあり、それを読めば済むので、あまり熱心な受講者ではなかったかもしれません（笑）。

今、当会では、『太陽の法』『黄金の法』（共に幸福の科学出版刊）等に、西洋史や東洋史も含《ふく》めた歴史観が出ていますけれども、学問的には、実は東大の政治学科における政治学史、政治思想史の正統派の流れを、ある意味では汲《く》んでいると言えるでしょう。

丸山眞男氏については少々問題がありますが、福田歓一先生の政治思想のほうは、私とあまり変わらないのではないかと思います。すでに福田歓一先生は亡くなられていて、まだこちらにお呼びしてはいないものの、たぶん似ていることでしょう。

ただ、お呼びするにしても、質問をする人も霊言を読む人も困るかもしれません。このあたりの方のテーマになるとマーケットが小さく、私の本のマーケットには合わないので、若干、苦しいところでしょうか。

南原先生の本にしても、今は研究者以外にはほとんど読まれないと思います。政治理論史などの政治哲学、政治思想もありますが、まずほとんど読まれることはないでしょう。古本屋にシミに食われた本があるぐらいかもしれません。

思想的には、福田歓一先生あたりの本をお読みになればよろしいかと思いますが、福田歓一先生の本を読むのが面倒《めんどう》であれば、私の本で簡単に書いてあるところだけ読めばだいたい分かりますので、あとは削《けず》ってくださっても結構です。いちおう学問的には裏付けがあって、勉強の終わった人が関係ないところを飛ばして述べていると考えてよいでしょう。要するに、「この世的な学問」

と「あの世的なもの」とを併《あわ》せて研究しているわけです。

矢内原先生もそうでしたが、南原先生は、戦前の「弾圧期」と戦後の「反動期」の両方を経験された方です。

そこで、今の論点としては、安倍《あべ》政権が行こうとしている方向について、左《さ》翼《よく》のほうからの批判が強いわけですけれども、実際に国家社会主義的な方向に行こうとしているものなのかどうか、あるいは、その危険度や、ナチズム的なものがあると思えるかどうか、というようなところも訊《き》いてみたいとは思っています。

また、私どもの仕事に関して言うと、国家と宗教の関係について、彼らが苦しんだのは、「国家神道 対 無教会派のキリスト教信者である学者の立場」という問題ではあったでしょう。ただ、幸福の科学という宗教が、学問を立てたり、あるいは、政治に介入《かいにゅう》して参加したりしていくことに対して、どのように見ておられるのかについても知りたいと思います。

大学発祥《はっしょう》のもとになったとも言える無教会派などの〝塾《じゅく》〟

大川隆法　ちなみに、無教会派キリスト教といっても、「無教会派」という、教会を否定する大きな宗派《しゅうは》があったわけではありません。内村鑑三先生がいみじくもおっしゃっていますように、「教会のない人たちの集まり」だったわけです。

この「無教会派」という感じと、「文科省の認可が得られない大学に集《つど》う者たちの集団」とが、何か二重写しになるようなところもありますので、そういう意味では、このあたりも面白《おもしろ》いところではないかと思います。

「教会を否定しているわけではない。ただ、教会がないだけなのだ」ということですが、やや似たところがあるのではないでしょうか。

ただ、プラトンやアリストテレスのアカデメイアや、吉田松陰《よしだしょういん》の松下村塾《しょうかそんじゅく》、あるいは、内村鑑三の無教会派などは、塾のようなものかもしれないけれども、ある意味で、意外にこれは大学の発祥《はっしょう》のもとであり、母体でもあるのだろうと思います。

やはり、教育とは、基本的に教育する人がいれば、その他のものはあとからついてくるわけです。建物があるかとか、どんな組織があるかとか、そんなことはあとからついてくるのであり、お金があるかどうかさえも、実は議論になりません。「教えるべき人がいるかどうか」が問題なのです。

そういう意味において、幸福の科学には、思想の発信源としての立場は十分にあると思いますし、当会の持っている世界的なプレスティジ（名声、威信《いしん》）が、学問の信用として存在すると、私自身は考えています。

そこで、クリスチャンとしての受難《じゅなん》もくぐって成功された方々のご意見とすり合わせながら、私たちの今いる位置を〝三角測量〟していきたいと思います。

もちろん、そっくりは合わない部分もあるでしょうし、客観的な意見もあると思います。あるいは、批判的な部分もあるかもしれません。

ただ、これは、今の世相から見ても、政治学的に見ても、非常に大事な部分です。安倍政権の向かっている方向と、まったく同じかどうか。反対勢力が全部間違っているのか。あるいは、それ以外の立場に立つべきなのか。そういったところにも、非常に関係があるのではないかと考えています。

吉田茂《よしだしげる》首相から「曲学阿世《きょくがくあせい》の徒《と》」と非難された南原繁

大川隆法　ちなみに、「洞窟の哲人」だけでは分からない方も多いでしょう。さらに言えば、戦後、「サンフランシスコ講和条約」のときの話があります。

そのとき、南原先生は東大の総長をしていましたけれども、吉田茂《よしだしげる》首相らがアメリカを中心に西側と講和条約を結んだことに対して、「全面講和」を唱えて政府と対立したため、吉田首相から、「曲学阿世《きょくがくあせい》の徒《と》」という非難を受けました。

「曲学阿世の徒」といっても、今の人には分からないかもしれませんし、あるいは、日本語検定一級レベルの言葉かもしれませんが、「世の中の正当な流

●サンフランシスコ講和条約　1951年9月8日、第二次世界大戦を終結させるため、アメリカ合衆国など48カ国と日本との間で締結された平和条約。サンフランシスコ市において署名された。

れを捻《ね》じ曲げるような根性《こんじょう》の曲がった学者」というようなことになるでしょう。ともかく、そのような〝名誉《めいよ》の悪口《わるくち》〟を浴びて有名になった方でもあります。

現代でも、いまだに全面講和はできていない状況《じょうきょう》で、旧ソ連、つまり現ロシアとの平和条約が結べていない状態にあるわけです。

ただ、(全面講和は)理想論ではあるけれども、あの時点では確かに難しい面があったとは思います。

このあたりについては、戦後の体制は、「吉田茂的にアメリカ側と講和し、西洋とだけ付き合うことで日本は経済的に発展した。国家の主権は半分ぐらい捨てながら軍事を軽くして、アメリカに守ってもらうことで発展し、成功したのだ」と、戦後教科書でずっと教えられてきたことではあるでしょう。

しかし、これがすでに曲がり角に来ていると思うのです。「これを今どのように考えるべきなのか」ということも、政治学徒としては十分に大事な論点ではないでしょうか。

今、東大では、だいたい私の同期から少し下ぐらいの人が政治学を教えていますけれども、〝内部諜報《ちょうほう》〟によれば（笑）、私の述べていることのほうがよほどよく分かるという声が非常に伝わってきています。ただ、おそらく、そうであろうと思います。要するに、本来、責任あるべき立場の人が、責任のあることを言えないでいて、こちらのほうが責任あることを言っているということでしょう。

東大総長を務めた無教会派のクリスチャン・南原繁を招霊《しょうれい》する

大川隆法　さて、前置きはこれくらいにして、呼んでみます。

ただ、まったくの初めてですので、地獄《じごく》などに行っていないことを祈《いの》りたいとは思いますが（笑）、その場合は話が変わってくるかもしれません。〝内村鑑三の霊力《れいりょく》〟により、天国に入っていることを祈りたいと思います。おそらく、このあたりはまだ大丈夫《だいじょうぶ》だと思うのですが、丸山眞男を育てたことにより、地獄に堕《お》ちていたりすると、やや問題があるでしょう（注。丸山眞男は霊言の際、地獄に堕ちていることが判明している。『日米安保《あんぽ》クライシス』〔幸福の科学出版刊〕参照）。とにかく、やってみたいと思います。

それでは、戦前、「国家と宗教」について本を書かれ、戦後、東大の総長もなされました、無教会派のクリスチャンでもある南原繁先生をお呼びいたしまして、幸福の科学総合本部にて、そのご見解をお聞き申し上げたいと思います。

国家と宗教の関係はどうあるべきかについて、われわれも今、手探《てさぐ》りの状態です。どうぞ、先生のご高見《こうけん》を開示していただいて、われわれにも導きの光を与《あた》えてくださいますことを、心の底よりお願い申し上げます。

南原繁先生の霊よ。

南原繁先生の霊よ。

どうか、幸福の科学総合本部に降りたまいて、そのご見識を開陳《かいちん》したまえ。

南原繁先生の霊よ。

南原繁先生の霊よ。

どうか、幸福の科学総合本部に降りたまいて、そのご見識を開陳したまえ。

（約五秒間の沈黙《ちんもく》）

2 「国家と宗教」のあるべき関係とは

「南原繁の霊言《れいげん》」は「戦後の見直し」でもある

南原繁 （咳《せき》）ううん。ケホッ。うん、うん。

綾織 こんにちは。

南原繁 うん。うーん。

綾織　南原先生でいらっしゃいますでしょうか。

南原繁　まあ、矢内原《やないはら》さんが呼ばれたんで〝来る〟と思ってはいたけど。

綾織　ありがとうございます。

南原繁　私の名前なんか遺《のこ》ってないだろう。ええ？

綾織　戦後史のなかでは、原点にある方で……。

南原繁　そうかなあ。

綾織　先ほどもお話がありましたけれども、吉田茂《よしだしげる》首相と〝セット〟で語られるところはあるかと思います。

南原繁　まっ、大川隆法さんは今の政権を〝罵倒《ばとう》〟したら同じになるんじゃないですか？　頑張《がんば》ったら。まあ、（それが）いいかどうか知らないけどね。アッハッハッハッハッハ（笑）。

綾織　本日は「国家と宗教の関係」ということでお話を伺《うかが》えればと思います。

南原繁　ああ、それは難しいテーマだわな。

綾織　はい。南原先生も戦時中に『国家と宗教』という著作を発表されましたが、そんなに自由に言論が展開できる時期ではなかったと思います。

南原繁　うん。

綾織　ですから、その書籍《しょせき》を読ませていただいても、若干《じゃっかん》、分かりにくいところもございました。

南原繁　まっ、そらあ、そうだ（笑）。分かりやすいと〝危ない〟からね。

綾織　ええ。そうですね。

南原繁　それは、そういうところはあるよね（笑）。「学問的に」っていうのは「一般《いっぱん》の人に分からない」という意味で使われることが多いからねえ。

綾織　ですので、当時の研究成果と今のお考えとを併《あわ》せて、お話をお伺いしていければと思っております。

南原繁　要するに、「戦後の見直し」に入ってるわけね。なるほど。

当時の「国家と宗教」の複雑さを語る

綾織　当時におきましては、国家神道《しんとう》体制ということでしたが、ナチズムを批判しながらも、同時に日本の国家神道的な部分も一部、批判されたかと思います。

南原繁　うーん。

綾織　ある意味で、キリスト教的な価値観から批判されたと思うのですけれども、著作のなかで展開された「国家と宗教の関係」のあるべき姿はどういうかたちであったのかというのを、いま一度教えていただければと思います。

南原繁　いやあ、複雑だよ。ほんとになあ。

綾織　はい。

南原繁　私らの時代も、ドイツ哲学《てつがく》にはそうとうな影響《えいきょう》を受けて学問はできたんだけどね。そのドイツ哲学のなかから、ヒットラーのナチズムまで生まれてきた。同時代人としては、ここのところの不思議がねえ……。

まあ、今で言えば、「ジャーナリスティックな目」だわなあ。同時代人において、学問的な土台になっていたドイツ哲学が生み出していく、〝ビヒモスのような怪獣《かいじゅう》〟を解剖《かいぼう》できるかどうかっていうのは大きな問題だし。

それから、（日本の）学問としては西洋に負ってるものが多いけれども、キリスト教の理解をなくしてはほとんど成り立たないものでもあったので。そのキリスト教国たちと戦っていくということも、学者として、信仰者《しんこうじゃ》として、厳しいものはあったので。

学問も、明治以降にあちら（西洋）から移入したものがかなり多いからねえ。キリスト教文化圏《けん》に成立したものを学んでつくってきた者が、それを武器としてキリスト教文化と戦えるような思想がつくれるか、つくれないかっていうと、難しいことではあったわなあ。

「道徳や哲学《てつがく》の上位概念《がいねん》には宗教がある」

南原繁　丸山《まるやま》（眞男《まさお》）君とかは、あっさりと「日本神道はファシズムと同じだ」というふうなかたちで思っていたんだろうけども……。

まあ、非常に難しいものはあるんだよな。軍国主義に走ると似てくるところがどうしても出てくるんで。

だから、カント哲学《てつがく》なんかもそうだと思うけれども、（ファシズムかどうかの）見分け方は、基本は「哲学のなかに自由という概念《がいねん》が存在するかどうか」だと思うんだよねえ。「自由の概念」なんだよ。

例えば、一般的には、道徳とかを立てて、国が強制するっていうかたちにな

ります と、自由を抑圧《よくあつ》するというかたちに見えるわね。それは、同時に「学問の抑圧」にもなっていきかねない面があるわね。

これは今も危惧《きぐ》されている面だと思うけども、カント的に言うと、「『道徳規《き》範《はん》』というか、『内的倫理《りんり》』は、実は多くの人たちの自由を担保する、確保するためにこそ必要なものであって、自由を担保するためにそうした規範が存在するんだ」と。

だから、規範によって自由を束縛《そくばく》されて動けなくなるっていうんじゃなくて、そういう規範があることによって、高度な自治能力を持った人間が、「学問の自由」とか、「政治の自由」とか、そういう「信仰の自由」とかを持つことができるんだと。

そして、「道徳や哲学の上位概念として、実は宗教があるんだ」と。最後は宗教がそれに責任を持っているんだと。宗教が神の御言葉《おことば》を受けてそれに責任を持っていて、その宗教から出ている規範が哲学や道徳になっているわけだ。

だから、それは人間を不自由にして、いわゆる全体主義（ファシズム）のように監禁《かんきん》して、捕《と》らえ、粛清《しゅくせい》し、あるいは刑務所《けいむしょ》送りし、弾圧《だんあつ》するためのものではない。もともとは神の心から降りてきてるものであろうからして、そうした道徳律は、一般には、「良心の自由」「思想の自由」「信条の自由」「学問の自由」を保障すべきものでなければならないんだと。

その規律・規範が不自由になるように見えるけど、実はそうではないものでなければならないんだと。

このへんのところがね……。

まあ、もう私の話していることは聞き取れない人がいっぱいいると思うけど。

ちょっと抽象《ちゅうしょう》のレベルに入ってるので、もはや何を言ってるか聞き取れない方は、すでに存在しているとは思うけど。

すみません。これが、東大政治学科のレベルなんで許していただきたい。このくらいが分からないようでは卒業することは不可能なので、まあ、許していただきたい。これで精いっぱいサービスしてるつもりであるので、許していただきたいんですが。

綾織　（笑）はい。

南原繁　まあ、ということなんだよ。

「学問」から「宗教」を放り出すことは「カント的自由」に反する

南原繁　だから、君ねえ、今行われている政治行為《こうい》や、そうした統制行為、いろいろな法律、いろいろな政治の流れがあろうと思うけども、「それがいったい何に向かっているか」ということなんだよな。結局な。

例えば、国民に考えさせないようにしていって、自分たちの〝統治の道具〟にしようとしている方向に行っているなら、「全体主義」「ファシズム」なんですよ。

ほかの異論をもう挟《はさ》ませないようにする。考えさせないようにする。新聞であれ、テレビであれ、あるいは学問であれ、時の政府の御用達《ごようたし》にしかならないような方向に持っていく。最後は『毛沢東語録《もうたくとう》』みたいなのを振《ふ》っとればいいという方向に持っていくようであれば、これは「学問の自由」や「信教の自由」のほうに反することであって、実は「カント的な自由」とも合わないものなんだ。

綾織　はい。

南原繁　だから、カント的な流れにおいて、そういうふうな、あなたがたが今、「宗教が学問から放り出された」と指摘《してき》しているようにね、これはもう完全な読み違《ちが》いであって、カントが難しくて読めない人たちの浅はかな理解にしかすぎないんだということなんだ。

綾織　はい。

南原繁　何言ってるか分からないね？　やっぱり、これ。もう霊言《れいげん》に適さないなあ。もう、あかん。これ駄目《だめ》だ。

綾織　あっ、いや、何となくは分かるのですけれども（笑）。

南原繁　君、東大の政治学科はそんなに簡単に入れないんだよ。もう諦《あきら》めてくれ。すみませんなあ。

現代は「生きている宗教」を研究できない状態である

綾織　そのためにも、少しお伺いしたいと思います。

カント先生の場合もそうなのですが、いったん宗教を国家から外していくわけですけれども、もう一回、宗教が登場する部分が今は忘れ去られて、まったく考えられていない状況《じょうきょう》になっています。

南原繁　いや、最後は、カントは宗教に全部頼《たよ》ってんだ。

綾織　はい。

南原繁　だから、あのころの宗教っていったら、ものすごく巨大《きょだい》なものだったんだよ。

綾織　はい。

南原繁　巨大なもので、その下のほうでは一部、カマキリが一生懸命《いっしょうけんめい》、宗教に鎌《かま》を上げてチョッ、チョッ、チョッ、チョと自分らの「学問の自由」のところを〝掘《ほ》って〟いるような状況だった。それが今は逆転してしまって、宗教がどうもこんなに（両掌《りょうてのひら》を狭《せば》める）なってしまって（苦笑）。宗教学科に存続する〝文化的伝承の研究〟ないし、〝文献学《ぶんけんがく》研究〟になってしまって、「生きている宗教」の研究はできないでいるんですね。

綾織　はい。

南原繁　「生きている宗教」の研究は、もはやできないようになっている。別世界、別次元だということで。この世からも、かなり放り出されている状態ではあるわね。

まあ、無教会派なんかもそんなところはあったわな。先生（内村鑑三《うちむらかんぞう》）が金を儲《もう》けてくれないから、食っていくのが大変だったというのがあるわな。

国家と特定の宗教の結びつきが強いと、他の宗教の弾圧《だんあつ》につながる

綾織　南原先生の場合も、「国家と宗教をいったん分離《ぶんり》するということは、いいことなのだ」というふうにおっしゃりつつ、一方で、「純化した宗教というものが国民を救済する」というようなこともおっしゃっていて、この文脈が少し分かりにくいところもあるのですけれども。

南原繁　いやあ、無教会派で「教会がないキリスト者の集《つど》い」であるとはいえ、完全に殲滅《せんめつ》されたくはないでしょ？

綾織　ああ。はい、はい。

南原繁　その意味では、「国家神道」という国家公認の神道が一つあるといっても、神道だってほかにいっぱいあったわけだから。

綾織　はい、そうですね。

南原繁　神道に諸派はいっぱいあって、ほかの神道でさえ弾圧《だんあつ》されていましたからね。それは知ってるでしょ？

綾織　はい。

南原繁　天理教《てんりきょう》も大本教《おおもときょう》も、みんな（神道の）諸派だけど、弾圧を受けてましたから。神道の諸派でさえ許されない。

だから、キリスト教がやったような、中世の「魔女狩《まじょが》り」みたいな、そういう「異端審問《いたんしんもん》」みたいなのが、神道のなかでさえ行われたから。

ましてや、キリスト教なんていうのは外国の〝敵性宗教〟ですから。もう、「存続が許されるかどうか」って、地下に潜《もぐ》ってる状況だったから、ある意味で今の中国の地下教会に近い状態ではあったからね。

それにまず活動の余力というか、そういう余地を残すためには、国家と宗教の結びつきは、ある程度緩《ゆる》くしておかないといけないという意味で、「政教分離」は言っとかないときついわねえ。

ただ、明治憲法下でも「信教の自由」は認められてはいたんだよ。信教の自由は認められていたが、「いわゆる国家神道は宗教ではない。これは日本の伝統的な習俗《しゅうぞく》であって宗教ではない」と。明治政府自体が、「これは宗教じゃないんだ」と。国家神道は宗教じゃないから……。

まあ、今もそうだけどね。天皇制もそれと同じ流れなんじゃないの？「これは宗教じゃないから、天皇制っていうのがあっても構わない」って言うけど、明らかに嘘《うそ》はあるよね。明らかに嘘はありますけれども、同じ状態がずっと流れてて。

だから、「国家神道自体は存続して、それ以外のその他大勢の宗教は認める」って言っている。これは、「中国政府が憲法で信教の自由を認めている」っていうのと同じ状況ではある（笑）。「信教の自由」を五つぐらいに限って、メジャーな宗教を認めていることになっているけれども、現実は全部当局の監視下にあって見張られている。全部つかまれてる状態なんで。

オウム真理教の分派が幾《いく》つかあると思うけど、実際上、今あれは全部、公安の監視下にあるのと同じ状況だ。それが、中国における「信教の自由」の一般法則だわな。

ここのところが難しいところだなあ。

複数の政党がある以上、「思想の複数性《プルラリティ》」も認めるべき

綾織　逆の観点なのですけれども、国家にとって宗教がどういう役割を果たすべきかというところについてです。特に戦後になりますと、南原先生は天皇制

というか、「天皇伝統の役割」というのを非常に評価されていまして、戦後の精神的な空白を、神道も含《ふく》めてですが、「宗教が埋《う》めるべきだ」というような話もされていました。

南原繁　うん。だから、勲一等《くんいっとう》をもらえたんだろうねえ。

綾織　あっ、そうですか（笑）。そのためですか。

南原繁　（苦笑）いや、いや、いや、いや。そのためじゃないよ。それを否定していたら、もらえてないだろうからさ。たぶんな。

綾織　あ、はい、はい、はい。

南原繁　否定しなかったから、もらえたんだろうけどさ（笑）。

綾織　国家と宗教のよき関係というのは、どういうものだと言えますでしょうか。

南原繁　まあ、「複数政党制があって、意見がいろいろあってもいい」と思うように、政党はアクティビティというか、この世での活動を中心にしたもの、具体的な活動を中心にしたものだけども、やっぱりそのバックボーンに「精神的なるもの」、「思想信条」がなければいけないよね。「哲学」と言ってもいいんだ。難しくなるけどね。哲学を持ってなきゃいけない。政党にもやっぱり哲学は必要なんですよ。

ただ、その哲学のもとになるバックボーン、精神的バックボーンは政党のプルラリティ（複数性）が存在する以上、思想におけるプルラリティっていうか、複数性はあるべきで。

それが、いろいろな「宗教の自由」「信教の自由」を認めることや、宗教以外の精神活動、思想等の存在を認めることにつながるわけだね。

ところが、国家的に「危険犯」というかね、国家転覆《てんぷく》を企《くわだ》てて、とにかく、君らが「文科省を許せない」と言うのはいいけども、「文科省を許せないから、ダイナマイトで爆破《ばくは》計画を練る」とか言ったら、それはやっぱり、警視庁が動き始めますからね。まあ、そこまでやったらね。「皆殺《みなごろ》しにしてやる」なんていうところまで行ったら、やっぱり、「怒《いか》りの社会的相当性」という問題が、当然、出てくるからね。

だから、言論と憲法が保障してる自由の範囲内で、批判し、行動するのは別に構わないことですけど、「塀《へい》の内側か外側か」という判定だけは、きちんとされてはおるからね。まあ、そういうことはあって、そういう意味では、体制が固まっていても、「体制のなかにあって、体制に健全な批判ができる」ということが、やっぱり、体制を腐敗《ふはい》させないためには必要なことだわな。

「体制を支えてるマスコミであっても、体制に不祥事《ふしょうじ》が出てきたら、それを摘発して書く。それによって逮捕《たいほ》されたりはしない」という自由は大事だわな。

このへんが、今、韓国《かんこく》とかでは、「大統領の悪口《わるくち》を書いたら、すぐ捕《つか》まる」みたいになってきつつある。これは、やっぱり、〝危険な感じ〟だね。〝独裁のにおい〟がプンプンするわね。中国もたぶん一緒《いっしょ》だろう？　だから、これとやっぱり同じになってはいけないわなあ。

3 「日本人の宗教観」について

会社と同じく宗教にも「栄枯盛衰《えいこせいすい》」はある

綾織　日本の現状を考えたときに、先ほど言われた「政党の複数性」というところと、「宗教の複数性」というものが、ある意味で連動すると思うのです。

南原繁　うん、うん。うん。

綾織　まだ、個別のケースには入っていきませんが、何かしらの、宗教の複数性を否定するような動きが出てきた場合には、やはり、「政治的にも、ある意味で、全体主義的な方向に行ってしまう」と考えてよいのでしょうか。

南原繁　うん、いや、それは難しいところなんですよ。

信者としてはね、「おらが宗教」というか、「自分のところの宗教こそ正しい」と思うのが、普通《ふつう》は普通なんでね。これは万国《ばんこく》共通、みんな普通で、「いっぱいいっぱい広げたい」とみんな思うんだけど、ほかのところも、それなりの正当性を張っていて、みんな「広げたい」と思っているから、それでぶつかり合って、いわゆる、会社のマーケティングのぶつかり合いがあるようなことが、やっぱり、現実に起きてくるわけで（笑）、「全部、シェアが取れない」ということだよね。

まあ、私らから見ても、確かに、「日本においては、ザビエルが来て以来、五百年たって、まだ（人口比で）キリスト教が一パーセントを取れない」というのは、やっぱり、やや不思議は不思議ですね。マーケティング的には不思議です。

要するに、「明治の近代化・文明開化を経由し、留学者をたくさん出して、近代化をし、さらに、第二次大戦の敗戦を経《へ》て、まだ一パーセントの枠《わく》が破れない」というのは、やっぱり不思議ですよね。

「普通は、三十パーセントとか、五十パーセントぐらいキリスト教が入ってきていてもおかしくはないけど、行かない」という、このへんを明確に説いてくれた人はいないんじゃないかとは思うけどねえ。まあ、不思議だよねえ、本当に。

みんな、「自分の信じているものが正しい」と思ってはいるわけよ、基本的にはね。だけど、たぶん、クリスマスの日にケーキをもらうのは構わないんだと思うんです。クリスマスイブに、ケーキをもらったり、婚約《こんやく》したり、ホテルに泊《と》まったりするのや、恋人《こいびと》たちが食事をする、ディナーを食べるのは、みんなオッケーなんだと思うんですよ。〝その日のクリスチャン〟は構わないんだけども、正月になったら、きちんと〝神社に行く自由〟も、やっぱり確保したいわけよ。

そういう意味で、「他宗教の存在を許さないような一神教的な宗教に、あんまり縛《しば》られたくない」という気持ちが、日本人は強いんだろうと思うんだね。

だから、ハロウィンまで、今、祝ってるんでしょう？　あれはみんな、「何だかよく分かんないけど、ハリー・ポッターの仲間だろう」と思ってるぐらいでやってるんだろうけど、実は、クリスチャンから見たら、気味の悪い文化が、日本のなかでちょっと侵食《しんしょく》してる感じね。

魔女《まじょ》や魔法使いの格好をして練り歩いているなんて、「そういう、毒された宗教教育をしていいのか」と、やっぱり言いたくなるけど、インターナショナルスクールとかでは、みんな、このハロウィンをやりまくってるよなあ。やっぱり、ちょっと、日本は怪《あや》しい。すぐに、おかしいのがたくさん入ってくるような気はするがな。

そういう意味で、みんなが、「自分の宗教は正しいから広げたい」という気持ちは持ってるわけで、一神教化していく傾向《けいこう》は、みんな、あるのはあるんだけど、限界が出てきて、やっぱり、「ほかのものがいい」と思う人も出てくる。それで、しのぎを削《けず》って、商売のほうで会社の「成長」と「倒産《とうさん》」とがあるように、いろいろと、お客様のほうだなあ、需要《じゅよう》、顧客《こきゃく》のほうでの選択《せんたく》により、栄枯盛衰《えいこせいすい》は起きてくる。この流れからは、宗教も逃《に》げられないでいるということだな。

南原繁は「幸福の科学を弾圧《だんあつ》した某宗教」をどう見ているか

綾織　現代は、戦後の「政教分離《ぶんり》」の流れのなかにあり、憲法二十条が示しているように、特定の宗教が国家権力のなかに入って、別の宗教を弾圧《だんあつ》するようなことがあってはならないわけです。つまり、「宗教政党が国家権力のなかに入ること自体はよいとしても、他の宗教の弾圧につながる部分があっては駄目《だめ》だ」ということだと思うのです。

それで、少し、幸福の科学に絡《から》むような話にもなってしまうのですけれども、「ある、特定の宗教をもとにした政党が政権のなかに入っていて、別の宗教が何か活動している……、例えば、大学をつくろうとしている」とします。

「それに対して宗教政党の明確な意思が働いて、それを止《と》めるような動きがある」としたならば、これは、まさに、憲法上の問題になってくると思うのですが、そうした「戦後の政教分離体制」と「現代に起きている諸問題」について、どのようにご覧になっているのかをお伺《うかが》いできればと思います。

南原繁　うーん。まあ、某宗教のことを言ってるんだろうとは思いますけども、確かに、この世的な力はお強かったんでしょうねえ。すでに八十年ぐらいの歴史はあるんだろうけども、あれでも後発ではあったからね。もっと先を行っていた宗教がたくさんあるなかで、この世的なところに精通した人がたくさんいたのは事実であろうねえ。

だから、「この世的な論理」が非常に強くて、なかにいる人たちも、この世的な、要するに、会社的な動きができる方が多かったんだろうと思う。宗教性の部分は、単なる団結の力とか、税制上の有利・優遇《ゆうぐう》を得るためには使えてはいるかもしれないけども、やっぱり、この世的な論理でやっているところがあって、それが『法華経《ほけきょう》』なんかの、何と言うか……。

まあ、『法華経』は〝ラッキョウ〟みたいなもので、だんだん、剝《む》いていったら中身がなくなってくるみたいなところがあって、たとえ話ばっかり出てくる。で、「結局、何が言いたいのか。そのたとえは、何に続いていくのかなあ」

と思ったら、「最後、なくなってしまった」というのが、『法華経』の特徴《とくちょう》だけど、実は、そういう意味で、中身を入れ替《か》えても、「『法華経』信仰《しんこう》」というのは成り立つ部分があるんですよ。

だから、『法華経』信仰を持ちながら、植民地化することもできれば、『法華経』信仰でもって、「平和主義」と称《しょう》して、軍備縮小を唱えることもできれば、何でもできるようになっている。そういう、行動に転化できる宗教で、ある意味では、陽明学《ようめいがく》に似たところもあるのかもしれないですけどね。

まあ、そのへんを上手に利用してやってるのかと思いますが、私は、それほど、大局において、大きな問題ではないような気はしているんですけどねえ。

綾織　そうですか。

南原繁　うん。少なくとも、宗教を信じる人の支持で、最終的には、宗教間の競争は片が付くのでね。

現実には、でも、あなたがたの書籍《しょせき》とかが、書店では、はっきり言えば、宗教としてナンバーワンになってるでしょう。現実には、すでにそうなってる。世間《せけん》では、そう見てると思うので、時間の問題であるから、あんまり気にするほどではないんじゃないですかねえ。

「この世的な部分だけが、今、残っている」というか、「〝鉄筋〟の部分だけが残っている」というような感じなんじゃないかねえ。だから、むしろ、それと戦うことで人気を落とすこともあるので、無視して、どんどんどんどん自分たちの考えを広げていくほうに努力したほうがいいんじゃないかねえ。

綾織　はい。

4 「学問と宗教」のあるべき関係とは

カントの説いた「理性」は「思考の方法論」の探究だった

藤井　私からは、少しシンプルな質問をさせていただければと思います。今、当会に対して、「学問というのは、科学性、実証性が大事だ」という問題提起がなされています。私も、大学時代、非常に疑問に思ったのですけれども、実際に、そうした「科学としての学問」という論を進めていくと、結局、「価値判断しない」というところに落ち着くと思います。しかし、「本来の学問」というのは、そのようなものではなかったのではないかと思うわけです。
　南原先生は、キリスト者にして学者でもあられたので、おそらく、そのあたりについてのお考えをお持ちだと思います。この点、どのようにお考えなのかをお聞かせいただければ幸いです。

南原繁　うん。まあ、カントが説いたのは、「理性」といっても、あれは一種の方法論であってね。「思考の方法論」を説いただけなんですよ。
　善悪を決める最後のところは、やっぱり、神だし、宗教なんですよ。それがあって、「その間の人間的思考を、どれだけ合理的に、ロジカルにしていくか」という方法論、学問的に学べて広げていけるような方法論を探《さぐ》っていただけであって、「彼自身が、神に成り代わるところまでは行かない」という限界は、知っていただろうとは思いますよ。そのように思いますけどね。

「現在の学問」も「ソクラテスの処刑《しょけい》」も民主主義の悪い面の表れ

南原繁　だから、学問をやっていて、「価値判断ができないことは当然だ」みたいに言っているのは、民主主義の悪い面が反映しているんだと思うんですよ。学者をやっている人の数はものすごいおる。数はねえ、もう何十万人か、あるいは、百万人を超《こ》えているかもしれない、もしかしたらね。だけど、それだけ集まると、〝凡人《ぼんじん》の群れ〟になりますわね、一般《いっぱん》的にはね（笑）。

〝凡人の群れ〟になりますので、そうした「数十万人から百万人はいようか」という学者、あるいは、高等教育者予備軍たちが、「分からない」ということで、民主主義的に多数決の原理で判断するとしたら、結局、「その分からないほうが優位になる」ということだろうね。

「はっきりと、『これはこうだ』と言えて、多くの人の支持を集められるような人」というのは、やっぱり、よっぽど傑出《けっしゅつ》していないと無理なわけで、あのソクラテスをしても、当時の裁判において、「ソクラテスの弁明」をやって、そうした感動的な弁舌《べんぜつ》をやっても、多数決で負けているわけですからねえ。

結局、そういうことであるわけです。「彼が、心霊《しんれい》体験をして、伝統的なギリシャの神と思われない神様を神としている」という、まあ、ある種の新興宗教だよな、はっきり言って。「ダイモン」なんていう神は、ギリシャの神としては出てこないんですよ、ギリシャ古来の神様としては。

ゼウスの神の〝あれ〟を受けてるとか、何かね、はっきり受けていればいいですよ。アポロンの神の指導を受けてるとか、はっきりしてりゃいいけど、「ダイモン」なんていう神は、ギリシャの歴史では存在しないんですよ。

彼を指導してる守護霊《しゅごれい》、守護神《しん》ではあろうけど、それは、伝統的なギリシャの神には存在しない神だからねえ。それで、「おかしい」ということになって、多数決をやって、いかに弁舌《べんぜつ》さわやかに頑張《がんば》っても負けてしまった。

「手段としての学問」で止まっている大学の現状

南原繁　だから、そういうのと一緒《いっしょ》で、「価値判断を下《くだ》せる」というのは、ものすごい力量が要《い》ることなので、凡人は、結局は価値判断から逃《のが》れる方向に行って、もう分からないので、形式判断のほうに、全部流れていく。

そして、形式判断で学問として食っていこうとしたら、「ほかの人が分からないぐらいの難しい言葉を使って、合理性を、そうした論理的な言葉で揃《そろ》えることによって、一般の人が参入できない障壁《しょうへき》さえつくれば、プロとして成り立つ」と。まあ、そういうことを、一生懸命《いっしょうけんめい》訓練しているのが、今、大学の現状じゃないでしょうかね。

それを、裁判官が、今は、「ちょっと易《やさ》しくしろ」と、いろいろ言われているようだけども、裁判官が、「裁判所の文書、判決文が書ける練習をしないとなれない」のと同じようにね、(学者は)「簡単な日本語で、小学生が分かるような文を書いたら、権威《けんい》がまったくなくなるから、難しい文が書ける」というのと同じで、そういう訓練をやることで、プロにしている。

要するに、「最終目的まで行き着いていなくて、途中《とちゅう》の手段・方法のレベルで止まっている。トレーニングコーチのレベルで、もう学者が止まってる」ということだと思う。「何のための学問か」というところまで行かずに、「手段としての学問で止まってる」ということだよねぇ。

南原繁が東大教授として「カント哲学《てつがく》」に依拠《いきょ》した理由

立木《ついき》　今日は、本当に、尊い機会を賜《たまわ》りまして、ありがとうございます。今、「学問論」を説いていただいたのですけれども、「南原先生は、ドイツに留学されて、本当にカントをずっと読みふけっておられた」と聞いております。そうしたカントの影響《えいきょう》を受けられて、「学問と宗教」ということに関しては、やはり、「『宗教は表に出さない』ということで、いったん切り分けつつも、言《げん》外《がい》に、宗教を持ってくる」というスタンスを取られていたかと思うのです。
その部分に関しては、今、どのようなご見解をお持ちでしょうか。

南原繁　うん、まあ、それは、「信教の自由」とも関係があるからね。
例えば、それは、無教会派キリスト教の視点から全部を解説しても、もちろん構わないんだけど、仏教徒や神道《しんとう》や、いろいろなほかの宗派《しゅうは》の方もいるから、そういう人たちの「思想・信条の自由」に踏《ふ》み込《こ》まないようにするためには、「それをなるべく入れすぎないように、客観的に叙述《じょじゅつ》しなきゃいけない」という部分はあるだろうと思うんだよ。そうしないと……。

立木　それは、やはり、「帝国《ていこく》大学、あるいは、国立大学という一種の公共性のため」といいますか、「そうした大学だったから、そのようにされた」と考えてよろしいのですか？

南原繁　まあ、しかたがないでしょうね。そういうふうに、二種類、書き分けられなければ、もう職業としての学問は、私の場合は成り立たなかったでしょうね。

だから、戦時下なんかに、東大の教授で、クビにならずに「洞窟《どうくつ》の哲人《てつじん》」として逃《に》げ切るには、やっぱり、「学問的言葉で文章が書ける」ということは、一つのことだわね。

「この教えは浄土真宗《じょうどしんしゅう》に反する」とか、「この教えは神道のどこそこに反する」とかいうように、たくさん捉《とら》えられるとちょっと〝危険〟ですので、なるべくそういうことから離《はな》れて、外国の学問に依拠《いきょ》して、特に、みんなが理解できないカント哲学あたりに依拠して述べれば、「当局も、何だか言っていることがよく分からない」というメリットはあるわけよ。学問は、難しけりゃ難しいほど、〝隠《かく》れ蓑《みの》〟になるところがある。

君たちの今の問題は、多少、「広めたい」という気持ちが強いために、分かる言葉で言いすぎるがゆえに、ちょっと、「簡単に読んで、批判してくるような部分が出てくるところもある」ということだよね。

だから、ときどきは、読んでも分からないものも、しかたなく出しておくことも大事かもしれないね。

なぜ、南原繁は「フィヒテの政治哲学《てつがく》」を研究したのか

立木　南原先生は、先ほど、「カントというのは方法論なんだ」とおっしゃいましたけれども、ご生前も、「カントは方法論なので、やはり、中身が大事だ」ということで、フィヒテの研究に入られたわけなのですが、その部分を、もし現代的に分かりやすく説いていただくとしたら、どのような内容になりますでしょうか。

南原繁　うーん……。厳しいところに来たね。まあ、「学者として生き残る処世術を、少しは学んでいた」ということに尽《つ》きるかもしれないね。

フィヒテは、ご存じのように、一八〇〇年代のドイツ（プロイセン）で、ナポレオン戦争によって、かなり疲《つか》れ果てて泣いていたプロシアの人たちに、「ドイツ国民に告《つ》ぐ」みたいなことを言って、世人《せじん》を鼓舞《こぶ》し、その後に（ベルリン大学の初代）学長になったことで有名な方であるわね。

「そういう古い人、昔の人に依拠し、仮託《かたく》して、自分の意見を述べていく」という手法は、学者としては、身を守る安全策ではあるので、ずばり、「当局のほうを直接、支援《しえん》する」というような言い方をしないで、「フィヒテをやっている」ということで、「戦時体制にも、ある程度対応できる哲学《てつがく》というか、思想を持っているんだ」というところを見せられるということだな（苦笑）。

まあ、このへんは君、あんまり〝突《つ》っ込む〟のはやめたまえ、そろそろ。それは、まあ、いろいろあるわけだから、裏はねえ。

フィヒテを使えば戦争ができるわけよ、はっきり言えば（苦笑）。だから、「そういうものにも言及《げんきゅう》している」ということが、ほかのところの部分を保つというか、隠せる部分にはなるからね。

立木　ありがとうございます。

5　南原繁から見た「幸福の科学」のあり方

大手ジャーナリズムに影響《えいきょう》し始めている「幸福の科学の言論」

綾織　先ほど、某《ぼう》宗教による「幸福の科学への宗教弾圧《だんあつ》」ということにつきまして、「大局的には、それほど問題ではない。自分たちの考えを広げていけばいいのだ」というお話だったのですが、一方で、「学問」のほうを考えたときに、やはり、「当会の学問の自由が侵害《しんがい》されている」ということを強く感じております。

価値判断をしない今の学問ではあるものの、「唯物論《ゆいぶつろん》的な面からの判断」というのは明確でして、やはり、「霊的《れいてき》なものや、あの世の存在については、とにかくないものだ」と言ってくるところは強くあると思うのですけれども……。

南原繁　いやあ、でも、「戦い」は始まってるように見えるよ、私のほうから見ても。

そらあ、君らは、NHKの批判をしたり、いろいろ、朝日・岩波系の文化人的な価値観を批判したりもしているんでしょうけども、実際に世の中が動いてき始めているし、NHK以外の民放では、今、〝逆張《ぎゃくば》り〟をして、そうした「心霊もの」みたいなのを、いろいろ流しているようではあるので、下層のサブカルチャーとしての、そういうものは……、民衆の心理がかなり動いてきているので。

それが、抽象化《ちゅうしょう》されて、学問まで上がっていくのには、少し時間がかかるかもしらんけど、サブカルチャーとして、「人気が取れるか」、「心がつかめるか」っていう、そういうほうは十分に動かし始めているし、今、サブカルチャーを超《こ》えて、いわゆるジャーナリズムの大手というか、〝表《おもて》〟の全国紙レベルの価値判断にまで影響《えいきょう》が出てきているわけですので、ここから、いわゆる「学問の世界」までの距離《きょり》は、かなり短いと思う。

綾織　はい。

南原繁　基本的に、大手ジャーナリズムの価値判断の〝裏〟にあるのは、いちおう、「学問」だと思うんですよ。

綾織　ええ。

南原繁「大学の学問」っていうのが〝裏〟にあると思うんで。ジャーナリズムのところまで行って、学問のほうに影響を与《あた》えているけど、学問のほうも、ジャーナリズム、つまり、「新聞にどう書いてあった」「テレビでどう言っている」みたいなのに影響を受けて、また甲論乙駁《こうろんおつばく》しているわけだけどね。

結局は、ここも、多くの人の意見が動き始めたら動いてくるので、ジャーナリズムも学問も、同時に動いてくる。

君たちは、自己を過小評価しているかもしれないけれども、大手のジャーナリズムをかなり動かし始めているので、学問が〝地滑《じすべ》り〟的に変動するのは、そうは言っても、時間の問題だよ。

「学問の壁《かべ》を破って進撃《しんげき》できるか」を見られている

南原繁　ただ、戦後七十年の体制を崩《くず》そうとしているんだから。要するに、政治家や評論家が、ずっと長らく戦い続けてきて、できなかったことをやろうとしてるわけなので、そらあ、一定の障害というか、障壁《しょうへき》が出てくるのはしかたがない。

大きな目では、「その障壁を、単なる障壁と思うのではなくて、それを打ち壊《こわ》してでも進撃《しんげき》していくか。それで簡単《かんたん》に止まってしまうか」っていうことを見られているんだろうと思うのよ。

私らは、戦前……、まあ、特に、私なんかは、「洞窟《どうくつ》の哲人《てつじん》」として、東大教授をしながら、ほとんど発表もせず、本も出さなかった。できるだけ無名であろうとして隠《かく》れていて、時間を稼《かせ》ぎ、「いつかは、この体制が終わるだろう」と思い、そのときを待って、力を蓄《たくわ》えながら潜《もぐ》っていたような時期がありましたけれども、大きな壁《かべ》が破れるときは来るんだと思うんですよ。

そして、名前をできるだけ知られないようにしていた私が、戦後、東大の総長に選ばれたように、流れがガーッと変わるときがあるから。でも、その姿勢をずっと貫《つらぬ》かなければ、そうはならないだろうと思うんですよ。

まあ、かなりのところまで来てるんだと思いますよ。

綾織　はい。

南原繁　君たちは、高さ五十メートルぐらいの壁を打ち破ろうとしてる感じの……、まあ、今、流行《はや》りのマンガ（「進撃の巨人《きょじん》」）があるらしいけど、そんな感じの〝あれ〟なんですよ。

「この〝壁〟を破れた〝巨人〟はいない」とか言ってるんだろうと思うんですよ。要するに、「学問の壁」があり、全都市が五十メートルの壁で囲まれていて、「この壁は、五百年、破られていない」なんて言われているやつを、君たちは破りに入ってきているわけですけれども、「これが破られたら大変なことになる」っていうところの抵抗《ていこう》が出るのは、普通《ふつう》といえば普通でね。向こうも、何らか防衛しようとして出てくる。

綾織　はい。

南原繁　当たり前だわな。「これを、どうやって破っていくか」というところだろうねえ。

戦後七十年続いた体制を引っ繰《く》り返すのは簡単なことではない

綾織　まさに、私たちは、「政治」と「学問」、大学のほうにも出ていこうとしていて、まあ、幾《いく》つかの〝挫折《ざせつ》〟を味わっているわけですけれども、南原先生からは、そんなに……。

南原繁　そんなことはない。無教会派のキリスト教に比べれば、すっごい力が……、もう、一万倍ぐらいの力でやってますよ。

綾織　（笑）

南原繁　だから、そんなに自己卑下《じこひげ》しちゃいけないよ。

綾織　はい。すみません。

南原繁　ちょっと焦《あせ》りすぎているだけであってねえ。七十年のやつを、すぐに引っ繰《く》り返そうっていうのは、そんなに簡単なことではないですよねえ。

綾織　うーん。

南原繁　それには時間がかかりますし、人間が理解するのに、もう少し時間はかかるからねえ。

いやあ、やっぱり、やり続けることが大事なんじゃないでしょうか。学問って言ったって、言うほどの壁じゃないですよ。

綾織　ああ、そうですか。

南原繁　先ほど言ったように、いわゆる、〝凡人《ぼんじん》の壁〟なんですよ。

綾織　はい。

南原繁　つまり、「〝分からない言葉〟を使える者同士の〝組合〟」なのでね。それを乗り越《こ》えようとしてるわけでしょ？

だから、学生のほうが、「ああ、こういうことのほうがよく分かる」というふうについていくと、〝学問の衰退《すいたい》〟が始まるわけですよ。みんなが、「ああ、こちらのほうが分かる。宗教と言ってるけども、こちらが言ってることのほうが、よく分かるじゃないの」と言い始めるとね。

そうなったら、勝てるんですよ。

「信じること」を貫《つらぬ》き、妥協《だきょう》しない姿勢を見せよ

綾織　確かに、壁は感じているのですけれども、「特定の誰《だれ》」とか、「そこにすごいリーダーがいる」とかいうのはなくて、とにかく、「匿名《とくめい》の人たちが固まっている」というような感じです。

南原繁　壁はあるとは思うよ。壁はあるとは思うけど……、あのねえ、判断を先延ばしにしたいんだろうと思うんだよ。

綾織　ああ、そういうことですか。

南原繁　うん。基本は、幸福の科学の評価を判断するのを先延ばしにしたいんだよ。

綾織　「自分のところでは、やりたくない」と?

南原繁　「自分が死んでからあとにしてくれ」っていうのが、ほとんどなんじゃないですか(笑)。

綾織　なるほど。それで、全部、判断を回避《かいひ》して……。

南原繁　うん。途中《とちゅう》で崩れると、「自分らが今までやってきたことは、何だったんだ」っていう反省が始まるからね。

綾織　ええ。

南原繁　それは嫌《いや》だから、「いちおう、学者人生として全《まっと》うしたいので、あとにしてくれ」と言ってるんじゃないですかねえ。

綾織　それは、「政治家も、そういう考え方である」と理解してよいのでしょうか。

南原繁　政治家には、そんなに節操《せっそう》はないと思います。

綾織　はあ。

南原繁　要するに、「一般《いっぱん》国民の多数が、どういうふうに動くか」だけを見てると思いますね。

だからねえ、いや、けっこういいところまで行ってるんですよ。

それでねえ、事件が起きたり、こういう、妨害《ぼうがい》が起きたりすることは、知名度を上げるチャンスなんですよ。

綾織　ああ、はい（笑）。

南原繁　迫害《はくがい》ぐらいないと、名前が上がらないからね。（相手に）しっかり悪役をやっていただいたほうが、むしろ、認知度が上がるので、上手に悪役をやっていただかないといかんと思いますねえ。

弾圧を受けないと、普通、東大の総長なんかになれませんよ。やっぱり、そういうのがちょっと要《い》るんです。

綾織　なるほど。では、あまり強いところを見せないほうがよいのでしょうか。

南原繁　いや、そんなことありませんよ。程度を言ってるわけではなくて、「信じること」をやればいいわけです。

綾織　はい。

南原繁　信じることを貫《つらぬ》けばいいわけで、「妥協《だきょう》しない姿勢」を貫いたら、私は、それでいいと思いますよ。

「〝弾圧《だんあつ》〟が、君たちの声望《せいぼう》を高めることになる」

南原繁　君たちが学問的に怒《いか》ってるのは正当だと思いますけど、向こう（文部科学省）としてはね、〝私設文部科学省〟をつくろうとしているようにしか見えないわけですよ。

綾織　ああ、はい。

南原繁　こちらにちゃんとあるのに、「（幸福の科学が）自分たちで文部科学省をつくってやっちゃう」っていう考えにしか見えないから、「けしからん」というふうになるわけですね。はっきり言やあね。当然、クレームはつけるわね。

綾織　はい。

南原繁　客観的に、それには〝弾圧《だんあつ》〟と見られる部分が、当然あるわね。

でも、今はそうかもしらんけれども、私は、君たちの声望《せいぼう》を高めることに、必ずなると思いますよ。

綾織　ああ、なるほど。

南原繁　まあ、経験からね。ハハハハハハ。

綾織　そうなると、そんなに、〝弾圧〟というように受け止めないほうがよいかもしれない……。

南原繁　いや、「弾圧」にしたほうがいいよ。

綾織　ああ、それはそれで、よいわけですね？

南原繁　うんうん。「弾圧」にしたほうがいいんだよ。

綾織　はい、はい。

南原繁　「弾圧」のほうがいいんです。だから、向こうに、「私は、いじめられてます」という〝被害者会見《ひがいしゃ》〟をされるのは、あまりよろしくないけど……。

綾織　はい。

南原繁　「弾圧」を受けたほうがいい。しっかり受けたほうがいいです。

綾織　なるほど、なるほど。

6　南原繁は現代の政治情勢をどう見ているか

国を守る立場にある人間として当然のこととは

綾織　次に、政治の側の話ですけれども、「安倍《あべ》政権にナチズム的な要素があるのかどうか」ということが、左側といわれるような新聞からは、いろいろ言われている部分があります。

南原繁　うん。うん。うん。

綾織　実際、南原先生はナチズム批判もされていましたので、「安倍政権が、どういうふうに見えるのか」というのは、非常に気になるところなのですけれども、いかがでしょうか。

南原繁　それはねえ、まあ、戦時体制においては、（右も左も）どちらも似たような感じにはなるんです。必ず同じようになってね。

綾織　ああ、はい。

南原繁　軍国主義をやるために、「予算の問題」から、「人員の強制的な使い方」から……、まあ、ある程度の思想の統一性みたいなものが必要になってくるし、議会があったって、議会も全体的に一致《いっち》してやりますから。アメリカだって、戦争をするときには、議会で一致結束してやりますから、一時的には、全体主義になります。

そういう意味では、似てるところはあるとは思うんですけれども、「制度的に、見直すチャンスがあるような制度であるのかどうか」というところが大きいと思うし、あるいは、宗教的に言えばね、そういう、独裁者的な政治家が出てきた場合に、これが狂《くる》ってしまう場合が、歴史的にはあるわけです。

この世的に見れば、「狂ってしまう」ということだし、宗教的に見れば、それは、「悪魔《あくま》が入る」っていうようなことでしょうね。そういうことは、ありえることですから。

「悪魔が入った独裁者が、ずっと国民を虐《しいた》げる」というようなことがあるなら、やっぱり、政権交代できるシステムがあるところのほうが、楽は楽ですよね。

それがなかったら、「命を狙《ねら》って、暗殺部隊を送っていく」とか、「革命をやる」とか、いろいろやらなきゃいけなくなるので、そういう意味で、そういう、フレキシブル（柔軟《じゅうなん》）な政治組織であるけれども、必要なときには団結しても構わないと思う。

まあ、このへんの微妙《びみょう》な加減のところなんで……。まあ、戦前に、一回でも拘置所《こうちしょ》なんかに放り込《こ》まれると、「日本の政治はウルトラナショナリズムだ」って言いたくなるのは気持ち的に分かるよ。丸山《まるやま》（眞男《まさお》）君とかは、ぶち込まれたからね。怒《いか》り心頭《しんとう》なのは分からんことはないけどねえ。

ただ、ある程度は、国民としての義務があると思うし、まあ、今は中国の問題だろうけどさ。あちらは、簡単に独裁的な軍事体制を取れる体制だけども……。

まあ、香港《ホンコン》でやってること（民主化デモ）を情報として知っておりながら、（日本）国内が相変わらず、ずっと戦後の体制で、「非武装中立・憲法九条・平和主義」みたいな感じでいるとしたら、「日本人は頭が悪い」としか言いようがないだろうね。「対策するのが、表向きに見えるようにするか、しないか」は別として、やっぱり、「対策を立てる」というのは、国を守る立場にある人間として、当然のことだろうねえ。

国家として自立していく体制をつくるべき

綾織　まさに、戦後の出発点におきましては、「憲法問題」もありますし、「講和条約をどうするか」というテーマもありまして、そこで、南原先生は、吉田《よしだ》茂《しげる》首相から、「曲学阿世《きょくがくあせい》の徒《と》」と言われました。これは、単純な、ソ連側というか、左側に立った議論を展開したわけではないと理解したほうがよろしいのでしょうか。

南原繁　何十年かは、「吉田さんのほうが正しかった」というふうに判断はされていたんだろうとは思うし……。まあ、戦後の経済的な繁栄《はんえい》があったからね。要するに、「軽軍備で、経済的繁栄ができた」「予算を、そうした経済繁栄のほうに注《つ》ぎ込めたという部分で成功した」ということだったと思うんだけども……。

まあ、シンガポールや香港みたいな繁栄なら、それでもいいかもしれないけど、いちおう、今、（日本は）一億二、三千万の人口を擁《よう》する国家として存在してますからね。「これが、香港やシンガポールみたいな経済的繁栄だけで済むわけはない」と知ったほうがいいと思います。

「国民国家を守らなきゃいけない」ということが使命としては出てくるから、「戦後すぐの体制と現在とが同じ」というのは、おかしいと言えば、おかしいでしょう。

戦後の、新たな出発に対して、そういうことがあってもいいと思うけれども、国家として、だんだんに自立していくのは大事だと思いますよ。

沖縄《おきなわ》の問題でも、米軍基地問題等、いろいろ取り上げて言っているけれども、価値観的には、アメリカ的価値観を入れたことで、戦後、日本は、比較《ひかく》的幸福だったからね。それを肯定《こうてい》する人が多いことは多いと思うんだけども。

もし、米軍とこじれて、基地問題等が潰《つい》えるようなことがあったら、まあ、やっぱり、それも上手に逆利用していくべきでしょうね。国家として自立していく体制をつくっていくということで。「日本にも、ちゃんと海兵隊をつくる」とかね。まあ、そういうふうにすべきだと思いますよ。もし、そうなった場合はね。

政治におけるリアリズムの原点は「最大多数の最大幸福」

立木　その安全保障の問題ですが、終戦まもないころ、新憲法草案を審議した帝国《ていこく》議会で、吉田首相が自衛権を否定する答弁をしていたのを、南原先生は、「国家には自衛権というものがあるのだから、防衛をしっかりすることが必要なのだ」と批判されました。

南原繁　当たり前ですよ。

立木　しかし、憲法九条を前提にしたときには、「国連による集団安全保障で守ったらよい」というようなお考えでいらっしゃったのかなと思います。

南原繁　うん。

立木　これに関しては、やはり、国連の戦後数十年の流れを見ると、「とうてい無理だ」と思うのですが、南原先生は、すでに、そのように判断されていると考えてよろしいでしょうか。

南原繁　やっぱり、政治っていうのは「リアリズム」だからね。リアリズムなんで、宗教みたいな、永久っていうか、普遍《ふへん》のものを求めてるようなものでは、必ずしもないと思うんです。政治っていうのは、やっぱり、そのときの民族とか国民とかの置かれた状況《じょうきょう》に合わせて、他国との関係において、「相関関係で変動すべきもの」だと思うんですよ。

例えば、周りが、本当に平和を愛する穏《おだ》やかな人たちに囲まれてたら、まあ、周りが、〝こりゃこりゃ〟ってのんびりしている、ハワイやフィジー島みたいなので囲まれていて、これで、「軍事増強」とかはおかしい。やっぱり、それはおかしいと思うよ。

ただ、隣《となり》（の国）で、爆撃機《ばくげきき》だの、核《かく》ミサイルだの、空母だのをつくり始めているにもかかわらず、「ほおー。ご発展ですね」なんて言ってるのは、「能天気」というか、まあ、「お人好《ひとよ》し」としか言いようがないわねえ。

それは、「オオカミさんが入りやすいように、レンガの家をつくるのはやめましょう。藁葺《わらぶ》きの家で我慢《がまん》しましょうね」って、ヤギさんに言ってるのと同じだよ。

それで、ヤギさんも、「そうだねえ。やっぱり、藁葺きがいいよね。平和的だし、オオカミさんがいつでも入ってこれるから」みたいな感じだったら（笑）、ちょっと知恵《ちえ》が足りないと言わざるをえないわな。

政治においては、恒久《こうきゅう》普遍な原理があるとは必ずしも言えなくて、やはり、リアリズムが働く。そのリアリズムの原点は、どこかっていうことですが、まあ、あんまり好きな言い方ではないんだけども、ベンサム的な「最大多数の最大幸福」というか、「国民全員を守れない場合もあるかもしれないが、大《だい》なるものが生き残れるように考える」っていうのは当然のことじゃないでしょうかねえ。

立木　ありがとうございます。

「天皇退位論」の真意を訊《き》く

立木　もう一点、終戦に絡《から》んで、天皇陛下《へいか》についてお訊《き》きします。南原先生は、一時期、「退位論」を唱えていらっしゃったと思うのですが、その真意はどういうものだったのでしょうか。

南原繁　（舌打ち）これは生々《なまなま》しくなるね。ハハハハハハ。皇室は今、ちょっと危険な領域に入ってるから。

立木　南原先生としては、当然、皇室を大事にされ、尊敬されていらっしゃることは大前提だと思うのですが、あえて「退位論」を唱えられたのは、どういう真意なのでしょうか。

南原繁　まあ、キリスト教が五十パーセントを超《こ》えているんだったら、また話が変わることはあるんだけど、一パーセントも行っていない状況で退位されたところで、キリスト教の国家になるわけではないだろうと思いますけどね。

でも、先の戦争に関して、法学部的に言えば、明治憲法において（天皇陛下が）元首だったことは間違《まちが》いなく、軍隊も「天皇陛下の軍隊」であったのは間違いないから、その法律解釈《かいしゃく》上から見れば、「天皇陛下に戦争責任がない」というのは、理解できないことではあるわねえ。

だから、これは、「あくまでも、日本の不文法《ふぶんほう》による伝統文化として皇室というものはあったものであって、明治憲法下の法律的な立場としての元首の機能が否定されたからといって、なくなるようなものではない」という文脈だな。そういう文脈においては、たとえ憲法がなくても天皇制自体は続いていくものだね。

明治憲法や昭和憲法がなくても、天皇制自体は、二千何百年続いているものだから、たぶん存在すると思う。どういう政治形態というか、政権があったとしても、基本的には、テロみたいなもので抹殺《まっさつ》されないかぎりは存続していくものだと思う。私の考えはそんな感じです。「不文法」として、「慣習法」として天皇制というのは存在し、日本の憲法体制といっても二重性はあるんだろうとは思っているのね。

だから、滅《ほろ》ぼすことができなかったのは、「慣習法としての天皇制の国体が日本の歴史をつくってきた」という部分です。否定できない部分は、ここのところかなあと感じるけどね。

戦前から政治に関係なく存在している「象徴《しょうちょう》天皇」

藤井　戦後の憲法については、宮沢俊義《みやざわとしよし》の「八月革命説」が原点になっていると思います。同時代にいらっしゃったと思うのですが、今、どのように考えていますか。

南原繁　だから、革命がどこまで及《およ》ぶかだよね。「『幕府を倒《たお》す』という革命のレベルなのか、『天皇制まで滅ぼす』という意味での革命なのか」ということだよね。

中国なんかの王朝というのは、だいたい革命で変更《へんこう》するわけだけども、この王朝は（日本で言うと）幕府みたいなもので、数十年から、二、三百年、三、四百年しか続いていないものなので、実際に「政治がいいか悪いか」に直接関係するものだよね。

ただ、天皇制は「政治がいいか悪いか」に関係なく、もう存在はしていたし、古代では実権を持っていたとは思うけど、途中《とちゅう》から、見事な日本の発明で〝鳥《とり》居《い》〟みたいになっちゃって。「なかを通っただけで、何かがあるわけではない」という見事な象徴《しょうちょう》的な存在で、戦後、象徴天皇になっているけども、戦前から象徴のところもあったんですがね。まあ、明治帝があまりにも偉大《いだい》だったので、現実の力を持ってはいたけどもねえ。それが、また元に戻《もど》ろうとしているだけかねえ。

で、質問は何だったっけ?

藤井　結局、「戦後体制の見直し」ということを考えたとき、思想的に辿《たど》りますと、いわゆる「進歩的文化人」という、朝日・岩波系の人たちが思想界をリードしていましたし、その中心には東大の先生たちもいただろうと思うのです。そのあたりについて、現在での総括《そうかつ》が何かあるのかと思いましてお伺《うかが》いしました。

この世的に転ぶことで「危険勢力」と思われない面もある

南原繁　まあ、保守のなかでも一部の人たちはねえ、君たちの思想は、ものすごく大きな革命思想なんじゃないかと思ってる人もいるわけで、「今度は、『エル・カンターレ信仰《しんこう》で日本も世界も同時革命』みたいな、『マルクスの反対側を天上界《てんじょうかい》からやったろう』みたいに思っているんじゃないかなあ」と一部思っている人も、いることはいる。

だけども、それは、「幸福の科学大学なるものが、東大やハーバードを抜《ぬ》くとか言っていても、そんな簡単に現実は進まないのと同じぐらい、難しいだろうな」ということも感じているわけよね。そのへんを、ちょっとはピリピリと感じつつも、「そんな簡単にはいくまいて」と思っている状況ではあろうね。

安倍さんが力を持っているけど、ああやって週刊誌レベル、あるいは、新聞レベル、テレビレベルで悪口《わるぐち》が言えるというのは、本当に偉《えら》いとは思ってないから言える面もあるし、「(首相は）自分ら（マスコミ）が選んで、取っ替《か》え引っ替えやれるものだ」と思っているから言えるところがある。

本当の元首だったらねえ、やっぱり怖《こわ》いですよ。韓国《かんこく》みたいに、すぐ警察を使って捕《つか》まえるぐらいやってきますからねえ。そうでないから、今の「言論の自由」が確保されているところはあるんだろうと思うんだけど。

まあ、皇室だって、今、いっぱい書かれているので、実は厳しいんだけどね。何て言うか、マスコミが自粛《じしゅく》するところで守られているけれども、本当に苦労はされてはいるだろうなと思うけどねえ。

幸福の科学も、今の時点で、政党や大学で頓挫《とんざ》することで、君たちは〝絞首《こうしゅ》刑《けい》〟から逃《のが》れられているところはあると思うよ。一気に全部バーッと天下取りができてしまうんだったら、これは早く一網打尽《いちもうだじん》にしなきゃいけない危険勢力だけど、この世的に転んでくれるものだから、それがマスコミ的に見たら面白《おもしろ》いところさ。

「波よけの碑《ひ》（「津波返《つなみがえ》しの奇跡《きせき》」の感謝の記念碑）を建てて津波は押《お》し返せても、文科省の意見は押し返せないんですねえ。大した奇跡だ」みたいな感じで、からかってくれるんだろう？（注。「週刊新潮《しんちょう》」十一月十三日号で「『幸福の科学大学』不認可の奇跡」と題する記事が出た）

まあ、「今のうちは大丈夫《だいじょうぶ》」というか、「まだ、君たちを刑務所に放り込んで監《かん》禁《きん》しなきゃいけないほど、危険だとは思っていない」ということではあるんだよ。

7　幸福の科学の「学問」としての可能性について

幸福の科学の「寛容《かんよう》さ」「自由さ」を指摘《してき》する南原繁

綾織　この霊言《れいげん》は、「国家と宗教の関係」というテーマですが、マスコミも含《ふく》めた国民側から見ると、幸福の科学がこのまま政治や大学に出ていくと、国家と幸福の科学との関係がどのように映るのか。私たちとしては、「国が繁栄《はんえい》し、国民がより幸福になる」と思っているわけですが、そういうイメージはまだ共有できていない状況《じょうきょう》かと思うのです。

そこで、南原先生からご覧になって、幸福の科学が「国家」とある程度結びつき、いい関係になっていったとき、どういう国になると思いますか。

南原繁　まあ、少なくとも、内村鑑三《うちむらかんぞう》、矢内原忠雄《やないはらただお》、南原繁を出してきているのを見たら、戦前の「国家神道《しんとう》」と「政治」の結びつきの関係だったら、ありえないようなものを持っているわなあ。

あなたがたにも、「エル・カンターレ信仰《しんこう》」というものがあるんだろうから、無教会派の人を呼んで、キリスト教のほうをやらせて、キリスト教同士で桜美《おうび》林《りん》大学とぶつけているんだろう？（注。今回、幸福の科学大学に不認可を出した大学審議会《しんぎかい》の会長は、桜美林大学の総長であった。『大学設置審議会インサイド・レポート』〔幸福の科学出版刊〕参照）

綾織　（笑）そうですね。

南原繁　まあ、私たちのほうが、たぶん有名だろうとは思うけどね。そんなことをしているわけですから、〝極《きわ》めて平和的なゲーム〟をやっているように見えなくはないね。その意味では、若干《じゃっかん》、違《ちが》いはあるんじゃないかねえ。そういう極端《きょくたん》主義者ではないわね、君たちはね。

綾織　先ほどの「複数性（プルラリティ）」というものが、当会のなかで、実はものすごく言論としても展開されています。

南原繁　イスラム教も同じでしょう？　かなり一元化していって、すごく極端になってきたら怖《こわ》いよね。まあ、一元化は、ある程度、許される面もあるかもしらんけども、それが極端なアルカイダ系の、ああいうテロも肯定《こうてい》するものになってきたら、やっぱり、ほかの宗教を信じている人や宗教を信じてない人たちまで、脅威《きょうい》として感じるのは普通《ふつう》だろうねえ。

だから、さっきも言ったように、「プルラリティ」という複数性を認めるということは、「寛容《かんよう》さ」と「自由」の原点ではあるので、エル・カンターレなるものも、「唯一神《ゆいいつしん》」というかたちでほかを全部バッサリ否定して、「あとは全部、邪神《じゃしん》であって邪教である」というふうな考えではないんだろうと思うんですよ。「『至高神《しこうしん》』というかたちでの尊い神ではあるけれども、ほかの神々も傘下《さんか》にあって存在するんだ」というふうな考え方でしょう？

これは、ある意味で、「一神教の思想」と「日本神道的な八百万《やおよろず》の神々の思想」とが折衷《せっちゅう》したような関係にはなっていると思うんだよね。

綾織　国家神道的なものではなく、日本神道のなかにある、ある意味、普遍《ふへん》性のある部分が幸福の科学のなかにもあります。

南原繁　うーん。かと言って、日本神道を否定しているわけじゃない。日本神道をちゃんとした宗教として、「戦争に負けたことで潰《つぶ》されなかったこと自体は、正当だ」という判断をしているわけだから、（あなたがたは）実に寛容な宗教だと思いますよ。「（戦争に）負けたんだから、もう全滅《ぜんめつ》でいいじゃないか。やめてしまえ」みたいな、そんな乱暴ではないわなあ。まあ、そんなに悪くはないと思うよ。

「幸福の科学は、迫害《はくがい》を受ける宗教ではないと思う」

綾織　その意味で、より民主主義が発展する方向ですし、一人ひとりが繁栄《はんえい》できる方向だと思っています。

南原繁　他の宗教に属しながら、（幸福の科学に）入っている方もいっぱいいらっしゃるんだろう？

綾織　はい。

南原繁　現実にはねえ。〝内村鑑三〟だって、職員で雇《やと》ってくれるぐらいの寛容さがあるんだろう？（前掲《ぜんけい》『内村鑑三「信仰・学問・迫害《はくがい》」を語る』参照）

綾織　（笑）そうですね。

南原繁　まあ、「偉《えら》くさえしなければ、教団を潰すことはない」という条件付きかもしれないけれども。

綾織　ちょっと……、分かりませんけど（苦笑）。

南原繁　アッハハハハハハハハハ……。まあ、あまり言いすぎちゃいけない。問題あるけども。

まあ、「いろんな宗教がある」ということ。「価値判断を中立にする」という考えもあるけども、価値判断をしつつも、そういう複数性、プルラリティを認める。「それぞれみんな、神、あるいは神の委嘱《いしょく》された代理人が努力してつくってきたものなんだ」というふうな認め方をしているわけだからね。「それは無駄《むだ》にはしない」という考え方だわね。

また、「原始的な宗教だから、皆殺《みなごろ》しにしてしまえ」みたいな過激なものでもないでしょう？　そういうものではないと思う。宗教に落差があることも、ある程度、認めつつ導いていく考えだから、私は、日本的にはあまり迫害を受ける宗教ではないと思うよ。おそらくはね。

従来の学問と幸福の科学の「オリジナル学問」との違《ちが》い

綾織　幸福の科学大学については、少し頓挫《とんざ》しているようなところもあるのですが、一方、幸福の科学として新しい学問をつくっていくところは変わらないと思います。南原先生は、信仰者として学問をつくられた方でいらっしゃいますので、「信仰者として学問をつくる」あるいは「学問の自由を守る」という部分で、何かアドバイスを頂ければと思います。

南原繁　まあ、あまり複雑に考えないほうがよろしいんじゃないですかねえ。

綾織　あ、そうですか（笑）。

南原繁　だから、私らは人が書いたものを研究して、何とかつなぎ合わせて、自分たちのもののように見せている。それを連綿と継承《けいしょう》し、若い者に教えていくというような仕事をしていたわけで、〝オリジナルでできてくるもの〟とは、ちょっと違《ちが》うものがあるので、あまり遠慮《えんりょ》しすぎてはいけない。

われわれがやっていたように、「私が定年になったら、次の人がこの講座を受け継《つ》いで、似たようなことを教えて、教科書を書いて、また定年を迎《むか》えて、次やって」みたいなもの。「継続性があり、繰《く》り返し教えられて、毎年、学生が単位を取れる」ようなもの。「先生が替《か》わったら、単位が急に取れなくなるようなものであってはいけない」みたいなのが学問だと。

文科省型の判断は、そんなことであろうけれども、それと、君らがつくっている「オリジナル学問」は、ちょっと違《ちが》うものはある。だから、これだけのものを説かれているということは、いずれ、後世、研究の対象になるのは分かり切っていることですから、「後世、勝手に研究されるよりも、現在進行形のなかで研究を始めていこうか」という運動でしょう？

綾織　はい。

南原繁　まあ、それだけのことでしょう？　これは時間をどの程度に設定するかだけの〝タイマーの設定〟の問題にしかすぎないので。

まあ、普通の宗教だったら、三代目ぐらいまでやれば、だいたい宗教としては固まって、どんなことをするか、どんな考え方を持つか、だいたい分かるから、その段階で大学を持つほどのレベル、規模、資金力、組織力、人材等を持っとれば認めてもいいかもしれないけども、初代で大学まで行ってしまうというのは、〝スピード違反《いはん》〟で、「ちょっと早すぎるんじゃないか」って思うのは分かるよ。気持ちとしては分かるよ。

それで内容は、ほとんどオリジナルのものでしょう？　「これを学問として認めろと言うのか」っていう感じの。

時間がたてば、〝風化〟してくるからいいわけです。

「天理《てんり》大」「創価《そうか》大」より、学問性がはるかに高い幸福の科学

南原繁　ただ、あなたがたが言うように、「天理《てんり》大だとか、創価《そうか》大だとかが大学になるなら、幸福の科学のほうがよっぽど学問性が高い」というのは、そのとおりだと思うよ。はるかに高い。もう相手にならないぐらい、全然違うと思うよ。天理教の初代の教祖だって、大本教《おおもときょう》だってそうだろうけど、『おふでさき』みたいなもので、学問性があるもんじゃないよね。

だから、時間がたてば、古文書《こもんじょ》になって研究する対象になるよね。現代人は読めないから、古文書が読める人が、「どういうことが言いたかったのか」みたいなことを研究し、解釈《かいしゃく》ができるようになってくる。まあ、そういうものだ

けども、今、現代語で分かるようなことを説いているからね。
そのへんは、「この世的な力」と「リアリズム」の押《お》したり引いたりの戦いだな。

綾織　なるほど。その点で言いますと、今まさに、たくさん説かれている霊言《れいげん》は、本当に何百年かたったら、ものすごい「宝の山」に……。

南原繁　あんた、何百年もかからないよ。

綾織　ああ、そうですか。すみません。

南原繁　もうすでに宝の山ですよ。もうすでに宝の山。分かっている人は分かっているから。

綾織　それは、「幅広い分野の多くの人にとっても」という意味だったのですが。「霊言を一つの学問として認めさせる。当然、これは学ばないといけないものです」という状態になるということです。

「幸福の科学はすでに『学問』のレベルを超《こ》えている」

南原繁　あのねえ、学問以上で、もうとっくに超えてるんだよ。とっくに超えてるんだ。君ねえ、学問を目指したら駄目なのよ。学問というのは、もっと

〝小さいもの〟なんで。学問を超えてるのよ。

たまたま、東京大学出版会っていうかさあ、東大出版会でUP《ユーピー》選書とかいろいろ出していると思うけど、新聞の広告はあまり見ないでしょう？　ときどき、たくさん載《の》っているなかに、やや売れ筋《すじ》のやつがチラッと載っているけど、売れ筋でない、受講生以外は買わないやつなんか、宣伝にも載らないでしょう？　それが学問のレベルなんですよ。

これ（幸福の科学の教え）は、学問のレベルを超えているんですよ、もうすでに。とっくに超えているので。

だから、学者から見ると、（幸福の科学は）要するに自分らの〝ギルド〟（組合）に入っていない人なんですよ。昔は「作家」と競争していたんだろうけども、今はもう「作家」との競争も終わったんだろうと見ているのよ。

「作家」との競争が終わって、組織を持っているところまで来ているわけで、「あと、どこまで行くのだろう」みたいな感じで見てて、「自分らは、国家の庇《ひ》護《ご》を受けたり、県とかの庇護を受けたりして学校運営をやってるけど、それ（幸福の科学大学）は自分たちでやっていくのが、当然なんじゃないの？」という感じなんじゃないですかね。

幸福の科学は〝マリアナ海溝《かいこう》を潜《もぐ》れる力〟を持っている

綾織　では、もう、〝カテゴリー〟に入らない状態であるわけですね。

南原繁　いや、これは、「学校のレベルをはるかに超えてるんだ」って言ってるの。東京大学を一人でやってるんでしょう？

綾織　そうですね（笑）。

南原繁　いや、東京大学以上でしょう？　東京大学に日大を掛《か》け算で掛け合わせたようなのを、一人でやってるんでしょう？　だから、これは、学問なんか超えてんのよ。まあ、ちんぷんかんぷんなのよ。

綾織　はい。その意味では、やはり、私たち自身も、きちんと理解していないところが、「甘《あま》さ」として出ているのかなと思います。

南原繁　うーん。だからさあ、君たちは、〝マリアナ海溝《かいこう》を潜《もぐ》れる〟んだよ。一万メートルを潜れる力を持っていて、「しんかい６５００」だか知らんけど、それを超えた力を持ってるのに、浜辺《はまべ》の遊泳禁止区域のロープで囲われて、「ここのなかだけで泳ぎなさい。監視員《かんしいん》が見張っています。ここから出たら引き戻《もど》されます。このなかだけで泳いでください」って言われて、（双眼鏡《そうがんきょう》を覗《のぞ》くしぐさをしながら）監視員が、こうやって見てるわけでしょ？　この監視員が文部科学省に当たって、そのなかで泳いでるっていうのが、補助金をもらってる学者たちの大学なんですよ。

だから、「マリアナ海溝に潜っていく人たちが、『この縄《なわ》を張ったなかだけで潜ってください。危険ですから』と言われている」というのが、今の状況なわけ。これを理解すればいいと思うんですよ。

これを、何と評すべきかということですねえ。何と言う？
まあ、向こうは、監視員という立場としては、同じことを言うだろうね。

綾織　そうですね。

南原繁　「波がちょっと高くなりましたから、このなかに入ってください。それから、ロープの幅《はば》を狭《せば》めるときもあります。あそこは、（水深）二メートル以上もあって深くなっていますから、溺《おぼ》れる恐《おそ》れがありますので、それより前で泳いでください。監視員が助けられる範囲《はんい》内にいてください」みたいな、そういうかたちでしょう。まあ、それが悪いとは言わんよ。

綾織　ええ。

南原繁　それで守られてる人たちも、いることはいる。

綾織　はい。

南原繁　しかし、マリアナ海溝に潜れるっていうなら、それはそれで探究することも、科学の大事な最先端部分だわな。

綾織　はい。

文科省との間に文化的摩擦《まさつ》があった「幸福の科学大学の人事」

立木　今、教育に関するお話でしたので、それにちなんで質問をさせていただきますが、内村鑑三先生の無教会派からは、南原先生をはじめ、本当に、さまざまな、錚々《そうそう》たる方々が出てこられました。

そういう人をつくるという意味で、やはり、幸福の科学グループでも、そうした、錚々たる人物を、これからつくっていかなければいけないと思うのですが、無教会派としての立場から見て、どのようなところを気をつけたらよいかなど、何かお考えがありましたら、お教えいただければと思います。

南原繁　いやあ、着々と進んでるように思うけどねえ。

今回の文科省の衝撃《しょうげき》は、「教団で幹部をやっているだけで学長ができる」とかいうところにあって、「それはないでしょう」ということで、かなりぶつかったんじゃないの？　ねえ。

「そこまで行ってるんか？」っていうようなことで、普通、そこまで行くには、くっだらないことに、大学で、助手から、講師から、准《じゅん》教授から、教授から、もう何十年も仕えて、潜って潜ってして、定年が来て選挙で選ばれたら、やっと学長になるわけで、ねえ？　ほんで、最後は「勲《くん》何等」とかをもらうような、そんなのが一般《いっぱん》のルートであるわけよ。

それなのに、いきなり、「教団のなかで活躍《かつやく》しました。はい、学長です」「副学長で、学部長ですね」と、パッパッとなれる。「はい、教授です」って、すぐなれる。もう、そんなのは、一般的には、すごく横紙破《よこがみやぶ》りに見えるわけね。「その世界で汗《あせ》を流してないじゃねえか」「みんな、つまらない研究を延々とやり続けてきた、その〝忍耐賃《にんたいちん》〟で偉くしてもらっているんであって、その忍耐をしとらんやないか」というようなことですよね。

まあ、そういうことへの衝撃、文化的摩擦《まさつ》はあったんじゃないかなあというふうに思います。

ただ、今にしてみれば、例えば、まあ、卑近《ひきん》な例で何度も出すのは申し訳ないけども、「文科省が松下村塾《しょうかそんじゅく》を認可したから立派であり、認可しなかったから立派ではないなんていうものではない」ということです。「後世への影響《えいきょう》」という意味では、それはもう、内容、感化力の問題であり、先生の問題なんであって、すでに（制度としての）大学なんて超えてるんだよ。

とっくに超えてるんです。だって、（幸福の科学には）百歳《さい》を超えた信者まで いるんでしょ？　そこまで教えてるんでしょ？　十八から二十二、三歳の人を教えるぐらいのレベルとは、レベルが違うわね。

それはつまり、そうとうレベルダウンして、そのレベルに設定しなきゃいけないわけだから、まあ、自由に教えたほうがいいんじゃないの。

幸福の科学は「大学設立」より「学問の自由」を大事にすべき

南原繁　特に、君たちの場合は、大学をつくることで制約がいっぱいかかるのなら、ちょっと問題があると思うよ。「宇宙人研究」とか、そんなのが出せなくて困るんじゃないの？

綾織　そうですね（笑）。

南原繁　「そんなのを出したら、大学（認可）を取り消すぞ」とか言われたら、どうするんだよ、ええ？「補助金を打ち切る」とか、急に言われたら困るんでしょ？　だけど、やりたいし、宇宙人だってやりたいし、ドラキュラの本まで出してるんだろ？（『ドラキュラ伝説の謎《なぞ》に迫《せま》る』〔幸福の科学出版刊〕参照）

綾織　あ、そうですね。

南原繁　そんなもん、「ドラキュラの本を、どうやって審査しろって言うんだ」

と、やっぱり、思うわなあ（会場笑）。「日本に権威はいるのか」って言ったら、いるわけがない。探したって、そんなものの権威はいやしないんで。だけど、「学問」であることは事実だよな。

綾織　そうですね。

南原繁　「中世ドラキュラの研究」？　学問としては成り立つ。成り立つけども、「判定不能」ということだよな。

綾織　はい。

南原繁　判定不能のやつを、あなたがたの、「科学のメス」ならぬ「宗教のメス」を入れることで、明らかにしようとしてるんだろう？

だから、「学問の自由」のほうを大事にしたらいいんじゃないかな。

HSU《エイチエスユー》の卒業生の活躍《かつやく》によって世間《せけん》が認めるようになっていく

南原繁　あとは、世間《せけん》が認めりゃいいわけだ。

綾織　はい。

南原繁　幸福の科学の信用によって世間が認めれば、そんで終わりなのよ。

まずは、信者子弟《してい》が来るんだろうけども、信者子弟が勉強して、いちおう、大学卒業以上の満足度が得られる内容（の授業）を受ける。その場合は、もちろん、幸福の科学の職員になったり、信者企業《きぎょう》に就職したりする人が多いとは思うし、それには、たぶん、問題はないだろうと思うが、やっぱり、そういう人たちに対して、一般企業からも、「優秀《ゆうしゅう》だ」という声が上がって、採用してくれるようになったら、これは、もう「勝ち」ですよ（机を一回叩《たた》く）。

これで、事実上、「大学は文科省以外でもつくれる」ということになるし、実際、「金も出してないのに、口だけ出しすぎる」っていうことに関しては、やっぱり、（文科省にも）反省すべき点はあると思うよ。

綾織　はい。

南原繁　そらあ、「文句を言うんやったら、先に建物代金を出しなさい」と言ってもいいよ。

われわれの場合、東大とかは、みんなつくってもらったものだから。役所に、政府につくってもらったものですから、そらあ、おっしゃるとおりにやりますけどね。いちおう、かたちをつくって、認可するに値《あたい》するかたちにして……。要するに、予算を出す〝証明書〟みたいなものなんだよ。「予算を出すに当たって、こういう条件をクリアしておりますから、予算を出しました」っていう、ほかの役所からの〝牽制球《けんせいきゅう》〟を打ち返さなきゃいけないんでね。

まあ、そういうふうな仕組みを、（幸福の科学大学にも）一緒《いっしょ》のように当てようとしてるわけだけども、それに対しては、「もう、金も要《い》らんから、口も要らん」ということで自分らでやって、あとは、学問を受けた人が、それなりに活躍《かつやく》していったら、それが実績になって、信用になっていくんだからね。
それでも足りないって言うんだったら、海外留学なされたらよろしいんじゃないでしょうか。「ハッピー・サイエンス・ユニバーシティ」、いいですねえ。英語で訳した文言《もんごん》は、大学そのものですから（笑）。

綾織　（笑）そうですね。

南原繁　どこでもいけますよ。全然問題ないです。彼ら（海外の大学）は、まさか、（日本の大学が）〝文部省立〟しかないとは思っていませんから。そんなことは思ってないので、「宗教が経営してる大学なんですか。ああ、そうですか」っていうことで、レベルが行ってれば、それは通るはずですから、（日本と）同じ発想をしないほうがいいよ。

綾織　はい。分かりました。

南原繁　もう超えてるのよ。

綾織　はい。

南原繁　だから、マリアナ海溝に潜れる人に対して、「二十五メートル圏《けん》の波打ち際《ぎわ》で泳いでください。監視員の言うことをきかないと、強制的に水から上がってもらいます」というような命令が出てると。まあ、こういう関係だと理解してください。

綾織　はい。ありがとうございます。

「明治・大正・昭和期の日本の道徳力を高める一翼《いちよく》は担《にな》った」

綾織　本日は、非常に視野の広い、深いお話をお伺《うかが》いできたわけですが、南原先生は、キリスト教者として近代日本で活躍された方ですので、やはり、過去においても、イエス様に関係したようなお仕事をされたのではないかと想像されます。

どういうご経験をされているのか、最後に少しお伺いできればと思います。

南原繁　いやあ、もう、死後三十年、四十年ぐらいで忘れかけられてる程度の人間ですから。

綾織　いえいえ、とんでもないです。

南原繁　そんな人は、世の中もう、幾《いく》らでも、青山墓地《あおやまぼち》に行ったら、たくさんいるんですよ。

綾織　いえいえ。

南原繁　大会社の社長でも、三十年たったら、みんなに忘れられていく程度のものですから、私なんか、もう本当に、諸々《もろもろ》の「中《ちゅう》の上《じょう》」ぐらいの人間です。

綾織　いえいえ。とんでもありません。

南原繁　だからね、もう本当、君らが言うような対象に入っているわけがないじゃないですか。入ってませんよ。

綾織　いや、今日のお話から……。

南原繁　いや、吉田茂《よしだしげる》よりは、ちょっと上《うえ》にいるかもしれないけども。

綾織　（笑）「ちょっと」でもないとは思いますけれども。

藤井　明治期から戦後にかけて、キリスト教系の「光の天使」のような方々がたくさん出られていますが、これは、何か意味が……。

南原繁　いや、みんな失敗したんだよ。（この世に）出たのに、（キリスト教は）全然大きくならない。失敗したんだ。相変わらず失敗したんだ（笑）。

綾織　新渡戸稲造《にとべいなぞう》先生もそうですが、影響は非常に大きくありました。

南原繁　いや、「感化」は与《あた》えたよ。「感化」はね。だから、「道徳力」？

綾織　はい。

南原繁　「日本の道徳力を高める」という意味、「明治・大正・昭和期の道徳力を高める」という意味では、啓蒙家《けいもうか》として活躍したとは思うよ。そういう人たちは欧米《おうべい》にも出てるから、そういう意味での一翼《いちよく》は担《にな》ったとは思いますけども。
いやあ、君たちのほうが、もっともっと大を成すでしょう。そりゃあ、なんせ、人事異動の辞令が出てねえ、幸福の科学出版の社長とかをやっただけで、大学の総長になれるぐらいの、そんなご立派な、〝大、大、大組織〟でございますから。

まあ、ローマ法王庁は、もうすぐ、君たちに〝陥落《かんらく》〟させられるんだろう。たぶん、あんな古い、時代遅《おく》れのものは、もうすぐ終わりになるだろうな。もう、キリスト教圏は、全部引っ繰り返ってくるよ、いずれね。

だから、俺《おれ》の仕事は……（笑）。まあ、東大の総長なんか、誰《だれ》でもできるんだよ、こんなものは（笑）。

綾織　いえ、そんなことはないと思いますが……。

南原繁　こんなものは、誰がやったって一緒なんです（笑）。

「東京大学を超《こ》えるユニバーサルな大学をつくってほしい」

立木　ですが、南原先生は、敗戦直後の打ちひしがれたなか、国民に対して、本当に勇気の出るメッセージを出されましたので、そういう意味で……。

南原繁　ええ？　そんなことないよ。吉田茂の、あの〝へそ曲がり〟のわがままを、ちょっと直してやろうとした程度のことでございますから。

だけど、今、（幸福の科学が）変えようとしてるのは、吉田茂がつくった「戦後体制」だね。今は、これを変えようとしてるんだろ？　まあ、時期は来たんじゃないかな。あれは、戦後「ただ乗り論」の発祥《はっしょう》だけど、もう変えなき

●ただ乗り論　安保ただ乗り論。戦後、日本はアメリカの軍事力に支えられて、防衛面でほとんど何も貢献せずに恩恵のみを受け、本来、防衛にかけるべき予算を経済発展に注ぎ込めたため、高度経済成長も可能となったという見方。

ゃいけない時期だわね。

だから、今、私らが、せめて、仕事をするとしたら、「内村鑑三、矢内原忠雄、南原繁等から、大川隆法先生にバトンをタッチしました。あとはお願いしますよ。東京大学は、世界的にも競争力では勝てないので、それを超《こ》えるユニバーサルな大学をおつくりください。『ハッピー・サイエンス・ユニバーシティ』は、『幸福の科学大学』とも訳せるが、『幸福の科学の宇宙都市』（ハッピー・サイエンス・ユニバース・シティ）とも訳せるものでありますので（会場笑）、どうぞ、幸福の科学の宇宙を広めてください。そういうことで頼《たの》んだよ」ということですね。

まあ、「元東大総長が言ってた」ということでも、ないよりはましじゃないですか。ね。何にもないよりは、ちょっとはまし。

だけど、今、東大の総長なんて、東大の学生を全員は教えられないですよ。歴史に遺《のこ》る名演説なんか、全然できません。だから、私らの演説とか回顧録《かいころく》とか、あんなもんを聞いたって、何の役にも立たない。はっきり言って、まったく影響力ゼロですよ。

まあ、歴代東大総長の言葉でも、「太った豚《ぶた》より痩《や》せたソクラテスになれ」っていうぐらいなら、ちょっとは覚えられてる人もいるかもしれないけど、大川隆法による、時計台の前での「黎明《れいめい》の時代」を超えるような、東大総長の名演説はありませんから（一九九一年五月二十六日、東京大学五月祭にて「黎明の時代」と題して説法《せっぽう》を行った。『人生の王道を語る』〔幸福の科学出版刊〕所収）。

もう、君らも、とっくに超えてるんですよ。だから、大学のあとからまねしてね、〝鶏《にわとり》のあとをついていくヒヨコ〟みたいなことをしなくても、やりたいことをやったらええんです。いずれ、世間が認めるようになるから。

綾織　はい。ありがとうございます。

「もっと自信を持て」という幸福の科学への激励《げきれい》

綾織　本日は、勇気と応援《おうえん》のメッセージを頂きました。ありがとうございます。

南原繁　いやあ、ご立派ですよ。もう、私らなんて、恥《は》ずかしゅうて出てこれませんよ。本当は恥ずかしい。本当に、大川隆法さんは、東大の教壇《きょうだん》なんかに立たなくてよかったよ。あんな、くっだらないの。

綾織　あっ、そうですか……。

南原繁　毎年、毎年、同じ授業をやってるなんて、もう、脳みそが腐《くさ》りますよ（会場笑）。同じ本を二十年も使ってね、もう本当に、こんなのは知的じゃありませんわ。全然知的じゃない。

今、（大川隆法は）どんどんどんどん「新しい教え」を出してるでしょ？

綾織　はい。

南原繁　これは、もう、知力が、私らの（知力の）一万倍を超えてますよ。こんなのは話にならないから、一緒にしないほうがいいと思う。

綾織　あ、はい。

南原繁　もっと自信を持ったら？

綾織　分かりました。

南原繁　そんで、幸福の科学出版は、東京大学出版会を超えてますから。自信を持ったらいいと思いますよ。

綾織　はい。

南原繁　ええ。〝私設文部省〟でしょ？　うん。それは、いいんじゃないですか。こちらのほうが大きいんで。「宇宙」だからね。よっぽど大きいから、自信を持ってやったらいいんじゃないですか。

綾織　はい。ありがとうございます。

南原繁　うーん。

綾織　本当に、勇気を頂きまして、ありがとうございました。

南原繁　（霊言に）出していただいてありがとう。めったに出れないからね。「吉田体制を潰すなら、最後、私が〝ピリオド〟を打ちに出てきた。正当性は大川隆法さんに判定していただけ」ということやね。「安倍《あべ》さんがファシストかそうでないか」については、判断していただいたらいい。もう、私は委《ゆだ》ねますので、どうぞ、判定してください。そう思いますよ。

綾織　分かりました。本日は本当にありがとうございました。

立木　まことにありがとうございました。

南原繁　はい。はい。

8　南原繁の霊言《れいげん》を終えて

大川隆法　（手を二回叩《たた》く）さすが、無教会派は、どんな理由かは知りませんが、当会に協力的ではあるようです。

まあ、この一つの宗派《しゅうは》も吸収しているということでしょうか。当会は、最近、神道《しんとう》系まで吸収に入ってきていますのでね。

しかし、やっぱり「（既存《きそん》の学問と幸福の科学の目指す学問は）同じではない」ということは事実でしょう。だから、「本当のところまで言えていない面」があって、遠慮《えんりょ》していますから、あまり制約がかからないほうがよいということです。
まあ、「耐《た》える力」も要《い》るかとは思いますね。
とにかく、「幸福の科学の信用でやれるようにしなさい」と言ってくれているわけですから、そのように頑張《がんば》ればよろしいのではないでしょうか。

綾織　はい。

大川隆法　やはり、卒業生たちが立派に活躍《かつやく》すればよいのです。無教会派だって、東大の総長や最高裁長官などがたくさん出てこなかったら、完全に歴史のなかへ消えてしまっているでしょう。しかし、いまだに名前が遺《のこ》っているのは、そのあたりが理由のはずです。そういう意味では、優秀《ゆうしゅう》な卒業生を数多く出していくことが大事だと思います。

理系でも、ノーベル賞を出したら、それでよいのではないですか。また、特許などもたくさん取れば、よいものが出るかもしれません。

「カントも自由を説いていた」とおっしゃっていましたから、なるべくその方向でやらせていただきたいと思っています。

綾織　はい。「幸福の科学大学は、本当にチャレンジなのだ」ということが非常によく分かりました。

大川隆法　うーん、まあ、最後は、みんな職員にしたらいいんでしょう？　それで終わりですから、どうということはありません。教団を大きくすればよいだけのことです。教団が大きくなれば人材が必要になりますからね。

綾織　はい。分かりました。頑張ってまいります。

大川隆法　はい、頑張りましょう（手を一回叩く）。

綾織　ありがとうございました。

あとがき

日本が社会主義的全体主義国家へと、突き進み始めたことを感じる。

私たちは、真理の名の下《もと》に、この国の正義をたださねばならないと思う。

今回、私たちは、この国の発展・繁栄を止めているのが誰であるかをもさぐり当てた。人類を逆啓蒙《けいもう》する人たちには、この国はまかせられないと思う。

国家の財政赤字を解決する道も、許認可行政で資本主義の精神を殺している政治家・役人をスリム化し、小さな政府と自由主義を押しすすめるほかないと思う。

二〇一四年　十一月八日

幸福《こうふく》の科学《かがく》グループ創始者兼総裁《そうししゃけんそうさい》　大川隆法《おおかわりゅうほう》

『南原繁「国家と宗教」の関係はどうあるべきか』大川隆法著作関連書籍

『太陽の法』（幸福の科学出版刊）
『黄金の法』（同右）
『人生の王道を語る』（同右）
『内村鑑三「信仰・学問・迫害」を語る』（同右）
『矢内原忠雄「信仰・言論弾圧・大学教育」を語る』（同右）
『日米安保クライシス』（同右）
『大学設置審議会インサイド・レポート』（同右）
『ドラキュラ伝説の謎に迫る』（同右）

南原繁《なんばらしげる》「国家《こっか》と宗教《しゅうきょう》」の関係《かんけい》はどうあるべきか

2014年11月10日　初版第１刷

著　者　大《おお》 川《かわ》 隆《りゅう》 法《ほう》

発行所　幸福の科学出版株式会社

〒107-0052 東京都港区赤坂２丁目10番14号
TEL(03)5573-7700
http://www.irhpress.co.jp/

印刷・製本　株式会社 東京研文社

落丁・乱丁本はおとりかえいたします

ISBN978-4-86395-599-8 C0014

大川隆法シリーズ・**最新刊**

矢内原忠雄「信仰・言論弾圧・大学教育」を語る

幸福の科学大学不認可は、「信教の自由」「学問の自由」を侵害する歴史的ミスジャッジ！ 敬虔なクリスチャンの東大元総長が天上界から苦言を呈す。

1,400円

内村鑑三「信仰・学問・迫害」を語る

プロフェッショナルとしての信仰者の条件とは何か？ 近代日本にキリスト教精神を打ち立てた内村鑑三が、「信仰論」と「伝道論」を熱く語る！

1,400円

ドラキュラ伝説の謎に迫る

ドラキュラ・リーディング

小説『ドラキュラ』の作者ブラム・ストーカーとドラキュラ伯爵のモデルとされるヴラド3世が、「吸血鬼伝説」の真相を語る。

1,400円

※表示価格は本体価格（税別）です。

最新刊

僕らの宗教、僕らの大学（上）

大川真輝著

幸福の科学大学「不認可」に異議あり！ 日本の大学教育の現状に満足できない現役大学生たちが、「新しい大学」の必要性を訴える。

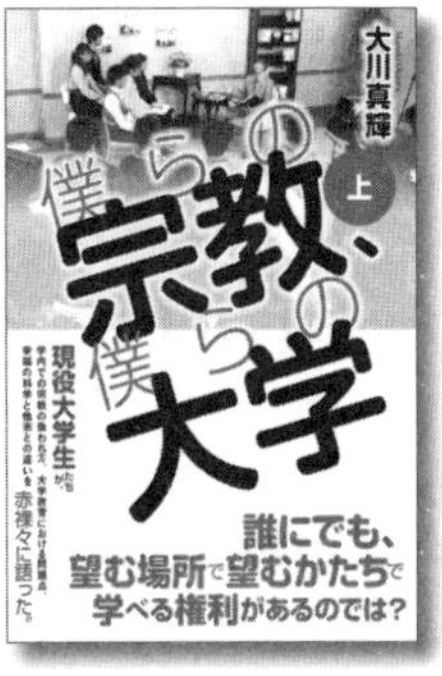

1,300円

僕らの宗教、僕らの大学（下）

大川真輝著

僕たちが、幸福の科学大学を熱望した理由を聞いてほしい！ 下巻では、幸福の科学学園の卒業生たちが、宗教系大学の実態や、学問への情熱を語る。

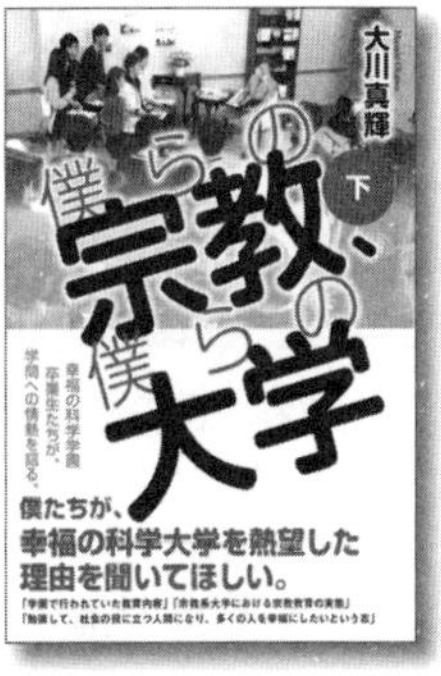

1,300円

孔子、「怪力乱神」を語る

儒教思想の真意と現代中国への警告

なぜ儒教では「霊界思想」が説かれなかったのか？ 開祖・孔子自らが、その真意や、霊界観、現代中国への見解、人類の未来について語る。

1,400円

幸福の科学出版

公開霊言シリーズ・文科行政のあり方を問う

スピリチュアル・エキスパートによる 文部科学大臣の「大学設置審査」検証（上）

里村英一・綾織次郎　編

６人の「スピリチュアル・エキスパート」を通じ、下村文科大臣の守護霊霊言を客観的に分析した"検証実験"の前編。大学設置審査の真相に迫る！

1,400円

スピリチュアル・エキスパートによる 文部科学大臣の「大学設置審査」検証（下）

里村英一・綾織次郎　編

下村文科大臣の守護霊霊言に対する"検証実験"の後編。「学問・信教・言論の自由」を侵害する答申が決定された、驚きの内幕が明らかに！

1,400円

大学設置審議会 インサイド・レポート

大学設置分科会会長 スピリチュアル・インタビュー

数多くの宗教系大学が存在するなか、なぜ、幸福の科学大学は「不認可」だったのか。政治権力を背景とした許認可行政の「闇」に迫る！

1,400円

※表示価格は本体価格（税別）です。

大川隆法霊言シリーズ・戦後体制の是非を問う

日米安保クライシス

丸山眞男 vs. 岸信介

「60年安保」を闘った、左翼系政治学者・丸山眞男と元首相・岸信介による霊言対決。二人の死後の行方に審判がくだる。

1,200円

憲法改正への異次元発想

憲法学者NOW・芦部信喜 元東大教授の霊言

憲法九条改正、天皇制、政教分離、そして靖国問題……。参院選最大の争点「憲法改正」について、憲法学の権威が、天上界から現在の見解を語る。
【幸福実現党刊】

1,400円

マッカーサー 戦後65年目の証言

マッカーサー・吉田茂・山本五十六・鳩山一郎の霊言

GHQ最高司令官・マッカーサーの霊によって、占領政策の真なる目的が明かされる。日本の大物政治家、連合艦隊司令長官の霊言も収録。

1,200 円

幸福の科学出版

幸福の科学グループのご案内

宗教、教育、政治、出版などの活動を通じて、地球的ユートピアの実現を目指しています。

宗教法人　幸福の科学

一九八六年に立宗。一九九一年に宗教法人格を取得。信仰の対象は、地球系霊団の最高大霊、主エル・カンターレ。世界百カ国以上の国々に信者を持ち、全人類救済という尊い使命のもと、信者は、「愛」と「悟り」と「ユートピア建設」の教えの実践、伝道に励んでいます。

（二〇一四年十一月現在）

愛

幸福の科学の「愛」とは、与える愛です。これは、仏教の慈悲《じひ》や布施《ふせ》の精神と同じことです。信者は、仏法真理をお伝えすることを通して、多くの方に幸福な人生を送っていただくための活動に励んでいます。

悟り

「悟り」とは、自らが仏の子であることを知るということです。教学《きょうがく》や精神統一によって心を磨き、智慧《ちえ》を得て悩みを解決すると共に、天使・菩薩《ぼさつ》の境地を目指し、より多くの人を救える力を身につけていきます。

ユートピア建設

私たち人間は、地上に理想世界を建設するという尊い使命を持って生まれてきています。社会の悪を押しとどめ、善を推し進めるために、信者はさまざまな活動に積極的に参加しています。

国内外の世界で貧困や災害、心の病で苦しんでいる人々に対しては、現地メンバーや支援団体と連携して、物心両面にわたり、あらゆる手段で手を差し伸べています。

年間約３万人の自殺者を減らすため、全国各地で街頭キャンペーンを展開しています。

公式サイト **www.withyou-hs.net**

ヘレン・ケラーを理想として活動する、ハンディキャップを持つ方とボランティアの会です。視聴覚障害者、肢体不自由な方々に仏法真理を学んでいただくための、さまざまなサポートをしています。

公式サイト **www.helen-hs.net**

教育

学校法人 幸福の科学学園

学校法人 幸福の科学学園は、幸福の科学の教育理念のもとにつくられた教育機関です。人間にとって最も大切な宗教教育の導入を通じて精神性を高めながら、ユートピア建設に貢献する人材輩出を目指しています。

幸福の科学学園

中学校・高等学校（那須本校）

2010年4月開校・栃木県那須郡（男女共学・全寮制）

TEL **0287-75-7777**

公式サイト **happy-science.ac.jp**

関西中学校・高等学校（関西校）

2013年4月開校・滋賀県大津市（男女共学・寮及び通学）

TEL **077-573-7774**

公式サイト **kansai.happy-science.ac.jp**

幸福の科学大学

TEL **03-6277-7248**（幸福の科学 大学準備室）

公式サイト **university.happy-science.jp**

仏法真理塾「サクセスNo.1」 TEL **03-5750-0747**（東京本校）

小・中・高校生が、信仰教育を基礎にしながら、「勉強も『心の修行』」と考えて学んでいます。

不登校児支援スクール「ネバー・マインド」 TEL **03-5750-1741**

心の面からのアプローチを重視して、不登校の子供たちを支援しています。
また、障害児支援の「**ユー・アー・エンゼル!**」運動も行っています。

エンゼルプランV TEL **03-5750-0757**

幼少時からの心の教育を大切にして、信仰をベースにした幼児教育を行っています。

シニア・プラン21 TEL **03-6384-0778**

希望に満ちた生涯現役人生のために、年齢を問わず、多くの方が学んでいます。

NPO 活動支援

学校からのいじめ追放を目指し、さまざまな社会提言をしています。また、各地でのシンポジウムや学校への啓発ポスター掲示等に取り組む一般財団法人「いじめから子供を守ろうネットワーク」を支援しています。

公式サイト **mamoro.org**

相談窓口 **TEL.03-5719-2170**

ブログ **blog.mamoro.org**

政治

幸福実現党

内《ない》憂《ゆう》外《がい》患《かん》の国難に立ち向かうべく、二〇〇九年五月に幸福実現党を立党しました。創立者である大川隆法党総裁の精神的指導のもと、宗教だけでは解決できない問題に取り組み、幸福を具体化するための力になっています。

党員の機関紙
「幸福実現NEWS」

TEL 03-6441-0754
公式サイト hr-party.jp

出版 メディア 事業

幸福の科学出版

大川隆法総裁の仏法真理の書を中心に、ビジネス、自己啓発、小説など、さまざまなジャンルの書籍・雑誌を出版しています。他にも、映画事業、文学・学術発展のための振興事業、テレビ・ラジオ番組の提供など、幸福の科学文化を広げる事業を行っています。

アー・ユー・ハッピー?
are-you-happy.com

ザ・リバティ
the-liberty.com

幸福の科学出版
TEL 03-5573-7700
公式サイト irhpress.co.jp

THE FACT

ザ・ファクト
マスコミが報道しない
「事実」を世界に伝える
ネット・オピニオン番組

Youtubeにて
随時好評配信中!

ザ・ファクト 検索

入会のご案内

あなたも、幸福の科学に集い、ほんとうの幸福を見つけてみませんか？

幸福の科学では、大川隆法総裁が説く仏法真理をもとに、
「どうすれば幸福になれるのか、また、
他の人を幸福にできるのか」を学び、実践しています。

入会

大川隆法総裁の教えを信じ、学ぼうとする方なら、どなたでも入会できます。入会された方には、『入会版「正心法語」』が授与されます。（入会の奉納は1,000円目安です）

ネットでも**入会**
できます。詳しくは、
下記URLへ。
happy-science.jp/joinus

三帰《さんき》誓願《せいがん》

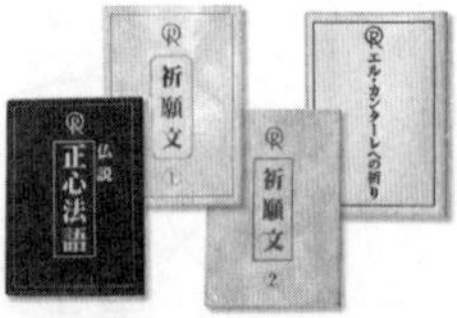

仏弟子としてさらに信仰を深めたい方は、仏・法・僧の三宝への帰依を誓う「三帰誓願式」を受けることができます。三帰誓願者には、『仏説・正心法語』『祈願文①』『祈願文②』『エル・カンターレへの祈り』が授与されます。

植福《しょくふく》の会

植福は、ユートピア建設のために、自分の富を差し出す尊い布施の行為です。布施の機会として、毎月1口1,000円からお申込みいただける、「植福の会」がございます。

「植福の会」に参加された方のうちご希望の方には、幸福の科学の小冊子（毎月1回）をお送りいたします。詳しくは、下記の電話番号までお問い合わせください。

月刊
「幸福の科学」

ザ・伝道

ヤング・ブッダ

ヘルメス・
エンゼルズ

INFORMATION	幸福の科学サービスセンター TEL. 03-5793-1727（受付時間 火〜金:10〜20時／土・日:10〜18時） 宗教法人 幸福の科学 公式サイト happy-science.jp